プロブレムQ&A

どうする？ 鉄道の未来

増補改訂版

［地域を活性化するために］

■

鉄道まちづくり会議・編

緑風出版

プロブレム Q&A

目次

プロブレムQ&A

はじめに――鉄道存続のために　9

Ⅰ　鉄道の社会的価値

Q1 鉄道にはどんな価値があるのですか?
鉄道の価値といわれても、都会の鉄道は足の踏み場もない詰め込み輸送、また地方の鉄道は遅くてダイヤも不便です。実感がわかないのですが。　12

Q2 全国で廃線が続出している理由は何ですか?
ここ数年、鉄道の廃止が増加しています。鉄道の危機は、農山村部だけでなく大都市周辺にまで広がってきました。なぜこのような事態になったのですか。　18

Q3 クルマがあれば、他の交通機関はいらないと思いますが?
クルマはドア・ツー・ドアでどこにでも行くことができ、便利です。道路を重点的に整備したほうが、住民やまちの発展のためにも役立ちませんか。　30

Q4 バスに切り替えたほうが合理的ではありませんか?
列車本数が少なくて赤字の鉄道よりも、バスに切り替えたほうが、経営の負担が少なくなり、住民の足も確保できるのではありませんか。　38

Q5 路線跡をバス専用道路にしたらどうでしょうか?
廃線後の跡地は、バス専用道やサイクリングロードにするなど、いろいろアイデアは考えられます。活用次第では地域の活性化に役立つのではありませんか。　46

Q6 鉄道がなくても、まちづくりには関係ないと思いますが?
利用者が少ない鉄道は、まちづくりに関係ないように思います。魅力あるまちづくりに向けて、もっと別のことにお金を使うべきではありませんか。　50

Q7 鉄道の価値を合理的に評価する方法はありますか？ 55
鉄道があるに越したことはないかもしれませんが、需要が小さく採算がとれなければ、存続させる価値はないのではありませんか。

Ⅱ 鉄道をめぐるお金の話

Q8 鉄道は道路よりもたくさんお金をかけていませんか？ 66
一般的に、道路に比べて鉄道には多額の税金を投入しているのではないですか。特に新幹線の整備、建設などに莫大な費用をかけていませんか。

Q9 鉄道も自前で財源を用意すればいいのではありませんか？ 73
自動車の利用者から集めた税金（特定財源）を道路のために使うのは当然です。鉄道の財源は、乗客から集めた収益でつくるのが自然ではありませんか。

Q10 鉄道を選択するための財政的方策はありますか？ 78
道路整備は地方交付税の対象ですが、鉄道は対象となっていません。自治体の財政事情が厳しいなかで、鉄道存続の選択を可能にする方法はありますか。

Q11 鉄道かクルマかは、自由競争の結果として選ばれたのでは？ 87
現在、規制緩和と競争原理の導入が経済政策の主流です。交通の分野でも、競争の結果として鉄道が廃止されても仕方ないのではありませんか。

Q12 特定の人しか使わない鉄道に、国の税金を投入するのは不公平では？ 91
地方鉄道の利用者は、沿線の一部の人に限られています。そのような鉄道に、一般の人々から集めた税金を投入するのは不公平ではありませんか。

Q13 一民間企業の鉄道会社になぜ税金を投入するのですか？ 95
鉄道事業者が民間企業である場合、赤字だからといって、税金を投入する根拠はあるのでしょうか。赤字は企業の責任ではないのですか。

プロブレムQ&A

Q14 第三セクターにすると赤字になりませんか？
鉄道の事業体として第三セクターが提案されることがありますが、第三セクターは放漫経営を招くと批判されています。なぜ第三セクターを採用するのですか。 —— 99

Ⅲ こうすればできる存続運動

Q15 交通の確保は行政の仕事ではありませんか？
交通政策の議論は専門的で、整備にも多額の費用がかかります。住民側が交通政策に参画するといわれても、具体的にどうしたらよいのでしょうか。 —— 108

Q16 存続運動は効果があるのですか？
全国各地で鉄道の存続運動があることは報道されますが、成功例があるのでしょうか。運動の成否はどのような要因で左右されるのでしょうか。 —— 111

Q17 ほかに新しい試みはありますか？
鉄道をめぐる事情は事業者や自治体など、状況によってさまざまです。二〇〇三年秋に廃止となった可部線では、新しいタイプの取り組みが試みられています。 —— 139

Q18 「反対運動」に終わらず、もっと積極的に存続をめざす方策はありませんか？
廃止反対運動では効果が乏しいケースがみられます。より多くの関係者の力を集めて積極的に存続をめざす方策はありませんか。 —— 165

Q19 鉄道が残れば存続運動は成功なのですか？
今はとりあえず線路が残ったとしても、また数年後に同じ問題がおきるのではありませんか。そのときまた同じことをするのですか。 —— 176

Ⅳ 地方鉄道はもっと活用できる

Q20 世界の流れは鉄道よりもクルマではありませんか?

世界中の国で、クルマが普及しています。今さら鉄道を整備するよりも、クルマを優先した交通体系のほうが効率的ではありませんか。

192

Q21 地方鉄道の機能をもっと向上させる方法はありませんか?

現在の地方鉄道は車両も古く、スピードが遅くて使い勝手がよくありません。もっと機能を向上させる方法はないのですか。

195

Q22 車両を改善すればいいのではありませんか?

乗り心地や利便性にすぐれ、環境にもやさしい次世代型鉄道として、LRTが話題になっています。これを日本にも導入する方法はありませんか。

205

Q23 LRTになってもクルマのほうが便利ではありませんか?

ふだんクルマしか使わない人にとっても、利便性はありますか。わざわざ乗り換えてまで利用する価値はあるのでしょうか。

209

Q24 地方鉄道のLRT化が実現する可能性はあるのですか?

LRTの成功は欧米での事例であって、日本では市民の意識や制度など、条件が整っていません。地方鉄道のLRT化はむずかしいのではありませんか。

212

Q25 そのほかに地方鉄道の活性化の方法はありますか?

地方鉄道を活性化する方法はLRTしかないのですか。LRT化に向かない路線もあると思います。そういった路線の活性化策はありますか。

227

Q26 新幹線の開業によって「並行在来線」はどうなるのですか?

整備新幹線が開業すると並行在来線はJRの経営から分離されますが、生活路線として重要な役割を担っています。これを廃止せずに活用する方法はありますか。

233

Q27 地方鉄道整備の財源はどうするのですか?

魅力的な考え方やプランがあったとしても、財源がなければ実現できないのではないでしょうか。何かよい手だてはあるのですか。

238

プロブレムQ&A

(提供者の記載のない写真は編集スタッフ撮影)
本文イラスト＝堀内　朝彦

はじめに――鉄道存続のために

最近、マスコミでも「ＬＲＴ（次世代型路面電車）」という文字を毎日のように見かけます。二〇〇八年に改訂された『広辞苑』第六版にも新語として収録されました。また近年、地球温暖化、高齢社会における移動制約問題、都市の郊外拡散による行政コストの増大などの社会問題の解決が緊急の課題として全国的に認識されています。そのため、公共交通の活性化・再生が強く求められるようになりました。このような状況から、鉄道が脚光を浴びているように思えますが、日本全体の状況はどうでしょうか。実際には、二〇〇〇年の「鉄道事業法」改正の動きをはさんで、全国で鉄道の廃止が続出しているのが現実です。地域の鉄道は、新幹線などのように全国版のマスコミで報道されることが少ないため、実情を知る機会が少ないのですが、それぞれの地域にとっては、日常生活に必要な交通手段の危機が深刻な問題となっています。

鉄道の存廃《そんぱい》問題の発端《ほったん》のほとんどは「赤字」です。多くの地域では「赤字なのだから廃止も仕方がない」と考えて、廃止を容認する雰囲気《ふんいき》になりがちです。「公共サービスなのだから税金で補助して維持《いじ》すべきではないか」と考える人がいても、「クルマが普及した社会で、利用者の少ない鉄道に税金を投入するのは無駄」「自分は鉄道を使っていないのに、一部の人のために税金が使われるのは納得できない」といった意見が多く、合意を得るのが困難です。

一方で、これからの日本社会の変化を考えた場合に、地域の鉄道がもたらしている社会的な価値を再評価して、いまある鉄道を活用したほうが有利ではないかという議論が全国で起こっています。廃止論が浮上した路線のなかには、沿線地域の住民が鉄道の価値を見直し、逆転して存続を決めた例がいくつかあります。

富山県の加越能《かえつのう》鉄道万葉《まんよう》線、福井県の京福《けいふく》電気鉄道（京福電鉄）越前《えちぜん》本線・三国芦原《みくにあわら》線、三重県の近畿日本鉄道（近鉄）北勢《ほくせい》線、島根県の一畑《いちばた》電気鉄道（一畑電鉄）、長野県の上田交通別所《べっしょ》線、和歌山県の南海電気鉄道貴志川《きしがわ》線、茨城県の茨城交通湊《みなと》線などです。

これらの地域においても、当初は「赤字なら仕方がない」という廃止容認論が先行していましたが、みんなで多様な知恵《ちえ》を出し合い、鉄道存続という合意に達しています。しかも、単に廃止を先送りするのではなく、行政と事業者、利用者が一体となって、鉄道を維持し、活性化しようとする試みが始まっています。

こうした折り、各地で存続運動にかかわった人たちの間から、「自分たちは運動のノウハウもわからず、行政や他の市民を説得するための理論やデータも充分に知らないため回り道をしたが、その経験を整理しておけば、他の地域で事態に素早く対応できるのではないか」という声が挙がりました。そこでこの本は、各地の事例から運動のノウハウをまとめるとともに、鉄道を残したほうが皆のためになるという根拠を示すために、交通の専門家にも加わってもらい、必要な情報をQ&A形式でまとめたものです。

全国でたくさんの人たちが地域の未来を考え、鉄道の存続に取り組んでいます。この本が、その方々にとって、地域の公共交通の問題や課題に取り組むためのヒントとしてお役に立てれば幸いです。

鉄道まちづくり会議

プロブレムQ&A

I

鉄道の社会的価値

Q1 鉄道にはどんな価値があるのですか？

鉄道の価値といわれても、都会の鉄道は足の踏み場もない詰め込み輸送、また、地方の鉄道は遅くてダイヤも不便です。実感がわかないのですが。

世界の中での日本

鉄道は、単に人や物を運ぶ役割の他に、さまざまな価値があります。なかでも環境に対する負荷が少ないことが大きな特徴です。京都議定書により、日本は温室効果ガスを六パーセント（一九九〇年比）削減する義務を負っていますが、現在ではさらに「ポスト京都議定書」として、中長期の削減目標が国際的に議論されています。その具体的な数字はまだ確定的ではありませんが、二〇三〇年に三〇パーセント、二〇五〇年までに五〇パーセント程度の削減が必要となるものと想定されています。そのためには交通体系も大きな転換を迫られています。

次ページの図は、世界中のいろいろな都市について、人口密度《じんこうみつど》と、市民一人あたりの交通エネルギー消費量（年間）を比較したものです。人口密度が低い、

京都議定書

気候変動（地球温暖化）防止のため、一九九七年に京都で採択され、二〇〇五年に発効した。この議定書では、二〇〇八年～二〇一〇年までの間に、日本は一九九〇年に対して温室効果ガス（主にCO_2）を六パーセント削減する義務を負っている。しかし現状では、この期間内の目標達成は困難とみられている。

つまり広い面積に人々が分散して住むと、交通手段を自動車に頼《たよ》らざるをえなくなることがわかります。こうして世界中の都市を並べてみると、国や地域によって、特徴的なグループに分かれる様子がわかります。

まず＋マークのグループは米国です。米国の都市は、他の国々にくらべて、市民一人が交通に費やすエネルギーが、他の国々の数倍にのぼっています。

その次に、△マークのカナダ、◇マークの欧州のグループが続きます。

欧州では、米国の都市よりも人口密度が高めで、市民一人あたりの自動車エネルギー消費量は低下します。

一方、✳マークは、日本以外のアジアの主な都市です。アジアの都市は人口密度が高く、欧米や日本よりも、自動車の普及率が少ないため、市民一人あたりの自動車エネルギー消費が少なくなっています。ただし、人口密度が過度に高くなると、都市の環境にとって良

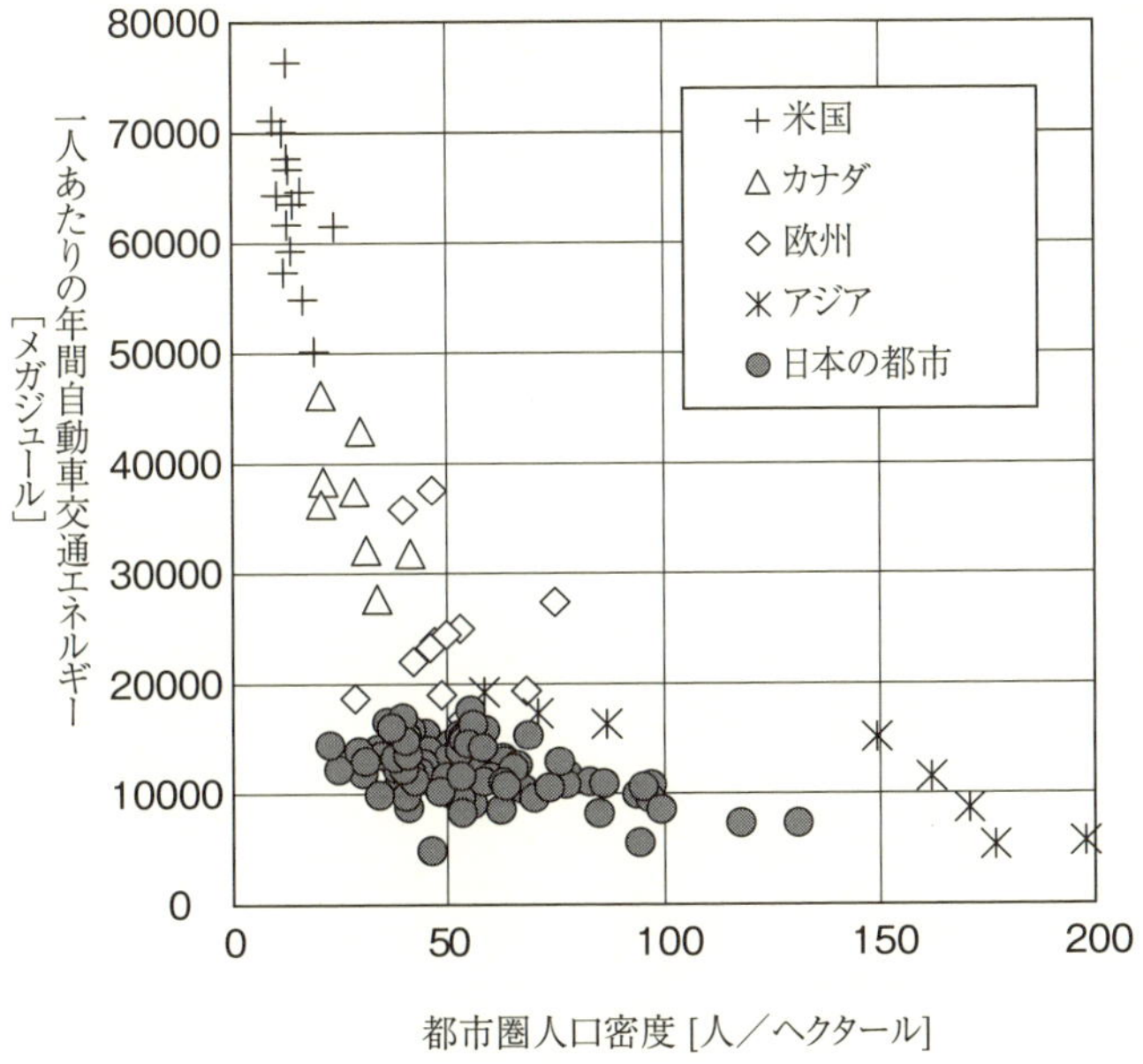

くない面も出てきます。日本の主要な都市は●のマークですが、都市の人口密度は欧州と同じ程度でありながら、欧州よりも交通エネルギーの消費量が少なめであることがわかります。一方で日本以外のアジアの都市と比べてみると、人口密度は少なめでありながら、交通エネルギーの消費量はそれほど増えていません。

ここまでは「エネルギー消費量」を基準にして説明してきましたが、エネルギー消費量の大小は、単にCO_2の発生量と関連するだけではなく、大気汚染にも関連します。大気汚染については、CO_2のようにエネルギー消費量に対して単純な比例関係ではないのですが、いずれにしても、たくさんのガソリンや軽油（ディーゼル車）を燃焼させているのですから、大気汚染にも密接な関連があることは理解できると思います。

本書の後の部分で説明しますが、日本の都市が、少なくとも交通に関しては、世界の中でも比較的省《しょう》エネ型である理由は、鉄道を中心とする公共交通を軸として形成されてきたことが大きく影響しています。ところが近年、地方都市はもとより三大都市圏でさえも自動車交通の分担率《ぶんたんりつ》が増加し、その結果、市民一人あたりの年間の交通エネルギー消費量も増加を続けています。京都議定書、さらには中長期の目標に向けてCO_2の削減に取り組まなければならないというときに、こ

分担率（自動車）

通勤・通学・買物・業務・その他のさまざまな私用など、人間が移動するすべての回数（トリップ数）のうち、自動車が利用される回数の割合。

れでは全く逆行です。もし現在の傾向を放置するなら、日本の都市もエネルギー多消費型の都市になりかねません。

鉄道はもっと便利に、快適にできる

交通部門の環境対策の基本として、鉄道の利用をもっと促進する必要があります。ところが現実の鉄道をながめてみると、大都市では足の踏み場もない混雑、新幹線や特急は指定券を取らないと座れるかどうか不安でわずわらしい、そして地方の鉄道はスピードが遅くてダイヤも不便というように、大きな声で鉄道を利用しましょうとは言いにくい実態もみられます。

これに対して欧州では、日本のような詰め込み輸送がみられず、サービス水準が高いのですが、その代わりに輸送量あたりのCO_2の排出量は日本の二〜三倍がふつうです。詰め込み輸送をしていないと、エネルギー効率が保てないのでしょうか。

詳しく計算してみると、決してそのようなことはありません。ここで、一般の鉄道・路面電車・乗用車について、それぞれ一つの車両（一般の鉄道・路面電車は一車両あたり、バス・クルマは一台あたり）に乗車する人数によって、輸送量（一人km。一人の人間を一キロメートル輸送）あたり、どのくらいのCO_2が発生するかを比較してみます。統計によると、乗用車には全国平均で一・五人が乗っており、そのときのCO_2発生量は、一人kmあたり約一一〇グラムとなります。その量は、路面電車では一両あたり約四人、一般の鉄道では約八人の乗車に相当します。すなわち、路面電車あるいは一般の鉄道に、少なくともこの人数以上のお客さんが乗ってくれれば、乗用車よりもCO_2の発生が少なくて済むことになります。

しかも最近の新しい鉄道車両は、次々に軽量化や動力系統の改良などによる省エネ化が取り入れられ、ますます有利になっています。大都市でも地方でも、鉄道を改良・増強し、今よりも便利で快適にすることによって、自動車から鉄道への転換をうながすべきです。それが、地球規模の気候変動の防止はもとより、地域でも、大気汚染の減少や道路の渋滞《じゅうたい》の緩和につながるなど、快適性が向上します。それは鉄道利用者だけでなく、地域の人々すべてに生活の質の向上をもたらすというメリットがあるのです。

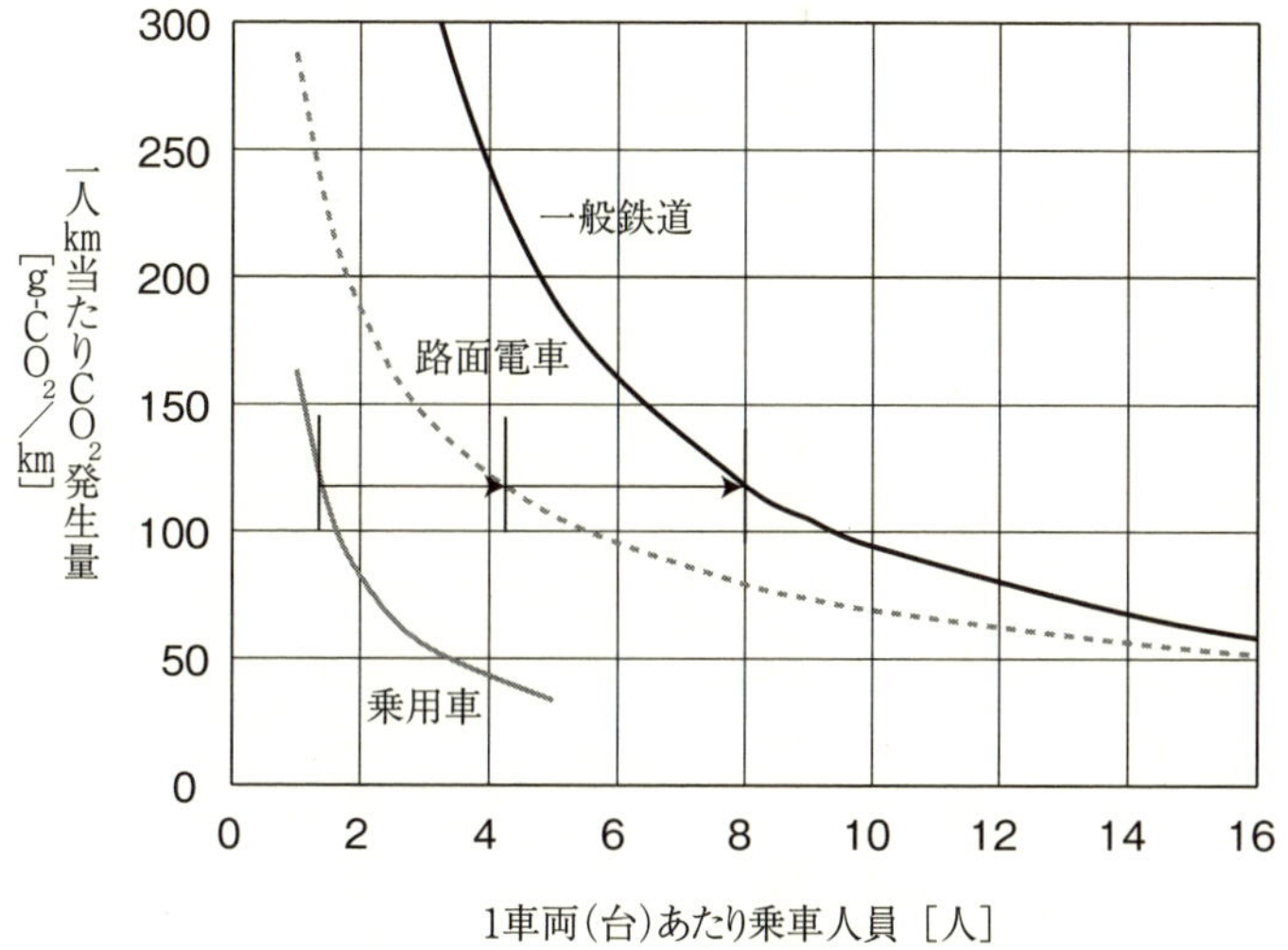

出典）須永孝隆「京都市へのLRT導入によるCO_2排出削減効果の評価」『第1回人と環境にやさしい交通をめざす全国大会in宇都宮』2005年6月より。

Q 2 全国で廃線が続出している理由は何ですか？

ここ数年、鉄道の廃止が増加しています。鉄道の危機は、農山村部だけでなく大都市周辺にまで広がってきました。なぜこのような事態になったのですか。

鉄道ネットワークの変化

これまでの日本で、鉄道のネットワークが増えたり減ったりした大まかな経緯をたどってみます。明治時代中期には、大都市や幹線《かんせん》はもとより、地方の鉄道でも収益性が期待できたために、民間資本の鉄道事業への参入ブームすら起こりました。ついで明治時代末期には、軍事的な要請と世界的不況から、鉄道の国有化が促進されたものの、民営のまま残った事業者もあります。

日本の鉄道ネットワークの基本的な姿は、戦前に完成されましたが、それ以後の鉄道ネットワークは、在来線《ざいらいせん》での複線化《ふくせんか》や電化などの質的な改良と新幹線の建設、在来線での局所的な新線建設、それに大都市の地下鉄が加わった状態が、現在の姿となっています。経営形態の大きな流れとして、まず全国ネットワークを構成する鉄道が、前述の経緯《けいい》を経て国有・国営（官鉄）として展開されました。一方では、このために政治的な利権の対象とされやすく、政治家の地元に鉄道を誘致する政治路線が各所でみられました。

ついで敗戦・占領を経て、国鉄（公共企業体）となり、さらに国鉄は民営化されてJRとなり、現在に至っています。旧国鉄については、本来めざした形態は「国有・民営」であり、基本的な設備や車両は国有としつつ、経営は企業的に行うはずでしたが、どちらつかずの性格を残したまま、累積債務《るいせきさいむ》の膨張という結果に陥りました。その一方で、純粋な民営の鉄道（民鉄《みんてつ》）も、大小合わせて各地に存在し、また自治体が直営する鉄道も存在するという、複雑な構造がいまも残っています。

地域の鉄道路線の廃止

本書で取り上げる地方鉄道の存続問題も、複雑な歴史的経緯を受けて、さまざまな状況があります。大都市もひとつの「地域」と考えるとして、地域の鉄道の廃止問題を大別すると、

①路面電車

国鉄の民営化

旧国鉄は、多くの議論を経て一九八七年四月に民営化された。同時に、全国を六分割した新会社（旅客鉄道）と、自前で線路を持たない貨物会社に分割された。しかし民営化移行の時点で、三七兆円の累積債務の処理の見通しが不明確なこと、ローカル線の廃止協議が持ち越されたこと、多数の職員の再就職が決まらなかったことなど、さまざまな問題も残していた。

②地方の小規模な民鉄
③旧国鉄のローカル線
④旧国鉄の廃止路線を継承した第三セクター
⑤現在のＪＲローカル線
⑥大手民鉄の不採算路線

というパターンがあり、それぞれ異なった問題の構造があります。鉄道路線の廃止のほとんどの理由は、一般にいわれる「赤字」ですが、その背景には、道路に偏った投資とモータリゼーション（自動車の普及）があります。

まず、大都市において自動車の増加による道路空間の占有が起こりました。欧州では、すでに一九六〇年代から、都市における無秩序な自動車交通の増加のマイナス面に気づき、自動車の利用抑制策と、公共交通の保護を政策的に行ってきたものの、自動車の圧力に必ずしも勝てたわけではなく、フランスのように、一時は路面電車がほとんど全滅に近くなった国もあります。日本においては、国情に合わない米国型のモータリゼーションが政策的に導入されたことから、路面電車と自動車の干渉《かんしょう》がいっそう激しく生じ、一九六〇年代後半から七〇年前後にかけて、各地で①の部類の路面電車が広範囲に撤去《てっきょ》されました。

第三セクター
自治体と民間が地域の公的事業を共同出資して遂行する事業体。詳しくは一二六ページ参照。

一九六〇年代後半の京都市電（藤井憲男氏提供）

同じく、初期のモータリゼーションの影響を受けたのが、②の地方の小規模な民鉄であり、一九六〇年代に、地域的な特色のある多くの民鉄が廃止されました。これらの中には、鉄道会社の社名を残したまま、現在もバス会社として継続《けいぞく》している事業者もあります。この時期に撤退せず残った地方民鉄については、局部的な廃止がありながらも、バスや関連事業との兼業を行いながら、一九九〇年代まで鉄道事業を継続してきました。

③の旧国鉄ローカル線については、前述のような「公共企業体」という旧国鉄の性格もあって、政治の介入が続き、一九七〇年代になっても、廃止よりもむしろ政治的な路線建設が行われました。このため一面では、市民の認識として鉄道整備といえば「政治路線」だという否定的なイメージが広まり、一方で旧国鉄としては、経営意図に反して押しつけられた地方路線という認識のために、利便性《りべんせい》の向上など積極的な運営を行わず、どちらかと言えば邪魔者《じゃまもの》扱いしてきた経緯があります。

ただし、この時期に進められていた計画路線のなかには、政治性だけでなく、高規格《こうきかく》で経路短絡《けいろたんらく》を図るものなど、鉄道ネットワークとして意義のある路線が含まれていました。これらの中で実際に建設された北越《ほくえつ》急行、智頭《ちず》急行などは、そ

一九五〇年代、鉄道開通を祝う風景。
一九七〇年代まではこのような光景がみられた（故佐々木盛房氏提供）。

高規格
局地的なローカル輸送の目的だけでなく、中長距離の都市間を結ぶ高速列車の運転を想定して、曲線・勾

れぞれが独立した鉄道事業というよりも、JRからの直通特急が走り、新幹線に準じる機能を担《にな》っているため、経営状態が良好です。

また二〇〇四年一〇月の新潟県中越地震では、上越新幹線が長期にわたって不通になる中で、北越急行が代替ルートとして有効活用されました。

ついで、③の類型に属する旧国鉄ローカル線については、国鉄の累積赤字の増加とともに、民営化を強く意識した「国鉄再建法案」が一九八〇年に成立した前後から、廃止が促進されるようになりました。当時、「ローカル線をすべて廃止したとしても、国鉄全体として赤字の五%が解消されるにすぎない」等の議論もみられましたが、民営に移行するにあたって、できるだけ不採算部門の整理をしておくべきであるという要請に従って、実際に多くの路線が廃止されました。

鉄道ネットワークの縮小の一方で、従来は本州を縦断する幹線と、大都市圏に建設されてきた高速道路に加えて、一九八〇年代から枝線の部分も建設されるようになりました。この時期以降の高速道路事業は大部分が不採算で、その状況は、旧道路公団から事業を継承した高速道路会社でも同じです。一年の料金収入が約二兆三六〇〇億円に対して、事業費と債務返済費の支出が約六兆二四〇〇億円となっており（二〇〇六年度）、その差額をさらに債務で埋めるという破綻した

配・駅の設備・信号などが、高速列車に対応するように設計されている路線。

国鉄再建法案
旧国鉄は、一九六四年から赤字になり、一九六九年から三次にわたって再建計画が立てられたものの、政治的な駆け引きの中でいずれも挫折した。一九八〇年に、最後の機会として国鉄再建法案が成立した。詳細はコラム④（八一ページ）参照。

高速道路会社
二〇〇五年一〇月に旧道路公団が民営化され、道路の建設・運営を主とする高速道路会社（東日本・首都高速・中日本高速・西日本高速・阪神高速・本州四国連絡）と、道路資産の保有や債務の返済を主とする債務返済機構の二つに分離された。債

財務内容となっています。

一九八〇年代以降の高速道路は、地方都市相互を結ぶJRの準幹線クラスの路線に並行するルートが多く、高速道路では採算性を無視した運営が容認されながら、JRは通常の企業と同じ採算性にもとづいて運営されています。一般に、鉄道と道路の「競争」といわれますが、それは見かけ上にすぎず、実際の競争にはなっていないという事実に注目する必要があります。

④の旧国鉄の廃止路線を継承《けいしょう》した第三セクターでは、財政基盤として、経営安定化基金という助成措置を受けたほか、旧国鉄時代に比べると積極的な利用者増加策を実施した事業者が多かったため、ひとまずは存続できました。しかし最近の情勢の変化により鉄道としての継続が困難になり、この種の第三セクターでも、各地で廃止問題が起こっています。

⑤のパターンでは、国鉄の民営化に際して、一定の条件に合致《がっち》した地方路線が、廃止されずにJRに移行しましたが、それらが民営化によって一転して黒字になったとは考えられません。民営化後、路線別の経営状況が非公開になったため、客観的に確認はできないものの、会社として黒字のJR東日本・東海・西日本についてはもとより、その他のJR各社についても、会社全体の会計の中で

務返済機構は、旧道路公団の債務を引き受けるとともに、道路資産を保有し、高速道路会社に貸付けて貸付料の支払いを受ける。

経営安定化基金
旧国鉄から、第三セクターを設立して路線を引き継ぐ際、国は支援措置として、路線キロ当たり三〇〇〇万円の転換交付金や、開業後五年間の赤字の半額補助を実施した。地元自治体などがこれに積立金を加えてプールしたもの。毎年の赤字を金利で補うことによって収支バランスを合わせてきた。

廃止時の経営形態	元事業者廃止日	現況	継承事業者
民鉄	2000/11/26	廃止	00年11月26日(黒崎駅前～熊西間は筑豊電気鉄道に編入)
民鉄	2001/2/1	廃止	
民鉄	2001/4/1	廃止	
三セク	2001/4/1	廃止	
民鉄	2001/10/1	廃止	
民鉄	2001/10/1	廃止	
民鉄	2001/10/1	廃止	
民鉄	2001/10/1	廃止	
民鉄	2002/4/1	新会社で存続	万葉線
民鉄	2002/4/1	廃止	
県営	2002/5/26	廃止	
民鉄	2002/8/1	廃止	
民鉄	2002/10/21	廃止	
民鉄	2003/1/1	廃止	
民鉄	2003/2/1	新会社で存続	えちぜん鉄道
民鉄	2003/2/1	新会社で存続	えちぜん鉄道
民鉄	2003/4/1	三岐鉄道で存続	三岐鉄道
JR西日本	2003/12/1	廃止	
民鉄	2004/1/31	廃止	
民鉄	2004/4/1	廃止	
民鉄	2004/4/1	廃止	
民鉄	2005/4/1	廃止	
民鉄	2005/4/1	廃止	
民鉄	2005/4/1	廃止	
民鉄	2005/4/1	廃止	
民鉄	2005/4/1	廃止	
民鉄	2005/4/1	廃止	
民鉄	2005/10/3	新会社(分社化)で存続	上田電鉄
民鉄	2006/3/1	新会社(分社化)で存続	一畑電車
民鉄	2006/3/1	新会社(分社化)で存続	一畑電車
民鉄	2006/3/1	新会社で存続	和歌山電鐵
JR西日本	2006/3/1	新会社で存続	富山ライトレール
三セク	2006/4/21	廃止	
三セク	2006/10/1	廃止	
三セク	2006/12/1	廃止	
民鉄	2007/4/1	廃止	
民鉄	2007/4/1	廃止	
民鉄	2007/4/1	廃止	
三セク	2007/9/6	廃止	
民鉄	2007/10/1	新会社で存続	養老鉄道
民鉄	2007/10/1	新会社で存続	伊賀鉄道
民鉄	2008/3/1	新会社で存続	十和田観光電鉄
民鉄	2008/4/1	廃止	
民鉄	2008/4/1	新会社で存続	ひたちなか海浜鉄道
三セク	2008/4/1	廃止	
三セク	2008/12/28	廃止	
民鉄	2008/12/28	廃止	
三セク		協議中	
民鉄		協議中	
民鉄		協議中	
民鉄		協議中	
民鉄		協議中	
		協議中は2009年1月現在	

出典)国土交通省鉄道局監修・鉄道統計年報各年版等より

2000年以降廃止問題が起きた主な路線

路線	廃止区間	路線距離km
西日本鉄道北九州線	(福岡県)熊西～折尾	4.4
小田急電鉄向ヶ丘モノレール線	(神奈川県)向ヶ丘遊園～向ヶ丘遊園正門前	1.1
下北交通大畑線	(青森県)下北～大畑	18.0
のと鉄道七尾線	(石川県)輪島～穴水	20.4
名古屋鉄道谷汲線	(岐阜県)黒野～谷汲	11.2
同八百津線	(同)明智～八百津	7.3
同竹鼻線	(同)江吉良～大須	6.7
同揖斐線	(同)黒野～本揖斐	5.6
加越能鉄道万葉線	(富山県)高岡駅前～越ノ潟	12.8
長野電鉄河東線	(長野県)信州中野～木島平	12.9
和歌山県営鉄道	(和歌山県)和歌山港～水軒	2.6
南部縦貫鉄道	(青森県)七戸～野辺地	20.9
京福電気鉄道永平寺線	(福井県)東古市～永平寺	6.2
有田鉄道	(和歌山県)藤並～金屋口	5.6
京福電気鉄道越前本線	(福井県)福井～勝山	27.8
同三国芦原線	(同)福井口～三国港	25.2
近畿日本鉄道北勢線	(三重県)西桑名～阿下喜	20.4
JR西日本 可部線	(広島県)可部～三段峡	46.2
東京急行電鉄東横線	(神奈川県)横浜～桜木町	2.1
名古屋鉄道三河線	(愛知県)碧南～吉良吉田	16.4
名古屋鉄道三河線	(愛知県)猿投～西中金	8.6
日立鉄道	(茨城県)常北太田～鮎川	18.1
のと鉄道能登線	(石川県)穴水～蛸島	61.0
名古屋鉄道揖斐線	(岐阜県)忠節～黒野	12.7
同岐阜市内線	(同)岐阜駅前～忠節	3.7
同美濃町線	(同)徹明町～関	18.8
同田神線	(同)競輪場前～田神	1.4
上田交通別所線	(長野県)上田～別所温泉	11.6
一畑電鉄北松江線	(島根県)電鉄出雲市～松江しんじ湖温泉	3.9
同大社線	(同)川跡～出雲大社前	8.3
南海電鉄貴志川線	(和歌山県)和歌山～貴志	14.3
JR西日本富山港線	(富山県)富山～岩瀬浜	8.0
北海道ちほく高原鉄道	(北海道)池田～北見	140.0
桃花台新交通桃花台線	(愛知県)小牧～桃花台東	7.4
神岡鉄道神岡線	(岐阜県)猪谷～奥飛騨温泉口	19.9
鹿島鉄道	(茨城県)石岡～鉾田	27.2
くりはら田園鉄道	(宮城県)石越～細倉マインパーク前	25.7
西日本鉄道宮地岳線	(福岡県)西鉄新宮～津屋崎	9.9
高千穂鉄道高千穂線	(宮崎県)延岡～槇峰	29.1
近畿日本鉄道養老線	(三重県・岐阜県)桑名～揖斐	57.5
近畿日本鉄道伊賀線	(三重県)伊賀上野～伊賀神戸	16.6
十和田観光電鉄	(青森県)十和田～三沢	14.7
島原鉄道島原線	(長崎県)島原外港～加津佐	35.3
茨城交通湊線	(茨城県)勝田～阿字ヶ浦	14.3
三木鉄道三木線	(兵庫県)厄神～三木	6.6
高千穂鉄道高千穂線	(宮崎県)延岡～槇峰	29.1
名古屋鉄道モンキーパークモノレール線	(岐阜県)犬山～犬山遊園	1.2
秋田内陸縦貫鉄道	(秋田県)鷹巣～角館	94.2
阪堺電気軌道阪堺線	(大阪府)大和川～浜寺駅前	7.3
名古屋鉄道広見線	(岐阜県)新可児～御嵩	7.4
松本電気鉄道上高地線	(長野県)松本～新島々	14.4
北陸鉄道石川線	(石川県) 野町～加賀一の宮	15.9
	既廃止距離累積(新事業者に継承されたものを除く)	643.3

内部補助《ないぶほじょ》によって地方路線を維持していると考えられます。このため、⑤の類型に属する廃止は、二〇〇三年のJR西日本の可部線の部分廃止と富山港線の二例あるだけで、実際には実施されていません。

⑥の大手民鉄の不採算路線は、構造的に⑤と似たところがあります。大手民鉄でも幹線以外の部分や、路面電車区間の大部分は赤字と考えられ、JRと同様に黒字部分で赤字部分を補塡《ほてん》して、これまで路線のネットワークを維持してきました。ことに民鉄では、伝統的に不動産業や大規模小売店などとの兼業が多く、これらの兼業が、派生的《はせいてき》に鉄道の利用者を増加させる効果もあるため、企業あるいは関連企業グループ全体として、鉄道ネットワークを維持しています。

二〇〇〇年以降の状況の変化

たしかに国鉄の分割民営化の際、赤字地方鉄道路線の四五路線が廃止されました。しかし、それ以後の二〇〇〇年までの一三年間に廃止された鉄道は、旧国鉄関係を除き一七路線で、最も多い年でも三路線です。地方の鉄道路線は、さまざまな経緯や、個別の事業者の努力により、維持されてきたのです。ところが二〇〇〇年以降、急に路線の廃止が増加しています。二〇〇八年一二月現在までの

内部補助
同一の事業者内において、黒字の部門（線区）の利益により赤字の部門（線区）の損失を補助する仕組み。

鉄道事業法
鉄道事業の運営等について規定された法律で、国鉄の民営化にともない一九八六年に施行された。それ以前の鉄道事業の規制法は、日本国有鉄道法などの国鉄に関するものと、私鉄に関する地方鉄道法に分かれていたものが、国鉄の民営化にともない、鉄道事業法一本にまとめられた。

需給調整規制
公共交通において、需要に見合った供給が行われるよう管理するため、過剰な競争を廃して参入・撤退を規制する制度。

八年間、延べ六四三kmが廃止されました（新事業者に継承された分を除く）。

また過去の廃線は中小事業者が大半でしたが、二〇〇〇年の鉄道事業法の改正後は大手民鉄の大都市周辺部のほか、第三セクター鉄道、ＪＲの地方交通線区の廃止問題など、全国各地で鉄道事業の撤退《てったい》が増加しています。その主な理由として、鉄道事業法の需給調整《じゅきゅうちょうせい》規制の撤廃の影響が指摘されます。二〇〇〇年の鉄道事業法の改正以前には、事業者が路線から撤退するには国土交通大臣の許可が必要でしたが、改正後は、一年前に廃止届けを提出すれば撤退できることになりました。

需給調整規制の廃止は、競争を促進して経済の効率化をもたらすとされています。しかしながら、鉄道ネットワークへの影響としてみると、内部補助の否定になり、事業者としては、不採算路線からの撤退が容易になりました。このため、従来からいわゆる「赤字」であった前述の①〜④のパターンはもとより、⑤と⑥のように、内部補助によって不採算路線を維持してきたケースでも廃止が促進されるようになり、鉄道の廃止が大都市の外縁部《がいえんぶ》の路線にも及んでいます。

大手私鉄の名古屋鉄道では一部路線がすでに廃止され、次の廃止が検討されています。また、京阪電鉄でも一部路線の廃止が検討されたことがあります。大

需給調整規制の廃止

鉄道事業においては、需給調整規制を前提に免許の交付がおこなわれてきたが、鉄道事業の自由競争を促進し、撤退と新規参入をしやすくすることを目的に、二〇〇〇年に鉄道事業法が改正され、需給調整規制が廃止された。

減損会計の導入による存廃問題

減損会計は、企業が保有する土地など、固定資産の収益性低下を資産価値に反映させ、資産価値が簿価を大幅に下回った場合、その差額（含み損）を損失に計上することを義務づける会計制度。二〇〇六年三月期実施。鉄道業界は減損会計の導入によって大きな影響を受けた業種の一つ。複数の鉄道事業者で、多額の損失計上により銀行融資が受けられな

都市圏の大手・準大手私鉄を含め、首都圏の一部を除く私鉄全体が、苦しい経営を強いられているというのが実態です。

このような状況は、鉄道の廃止が、中小都市の問題ではないことを示しているとともに、わが国の交通政策全体の問題点を示しています。もともと、民営化されたJR、あるいは純粋の民鉄に対して、企業努力だけによる内部補助を強要し、不採算路線の維持を求めることは不合理です。そこで政策的な介入により、鉄道ネットワークの維持が必要となるわけですが、道路との比較にみられるように、鉄道と道路が公平な競争条件に置かれていないにもかかわらず、競争原理の適用を促進する現在の施策は、鉄道を一方的に不利にしています（コ

現在の鉄道路線網

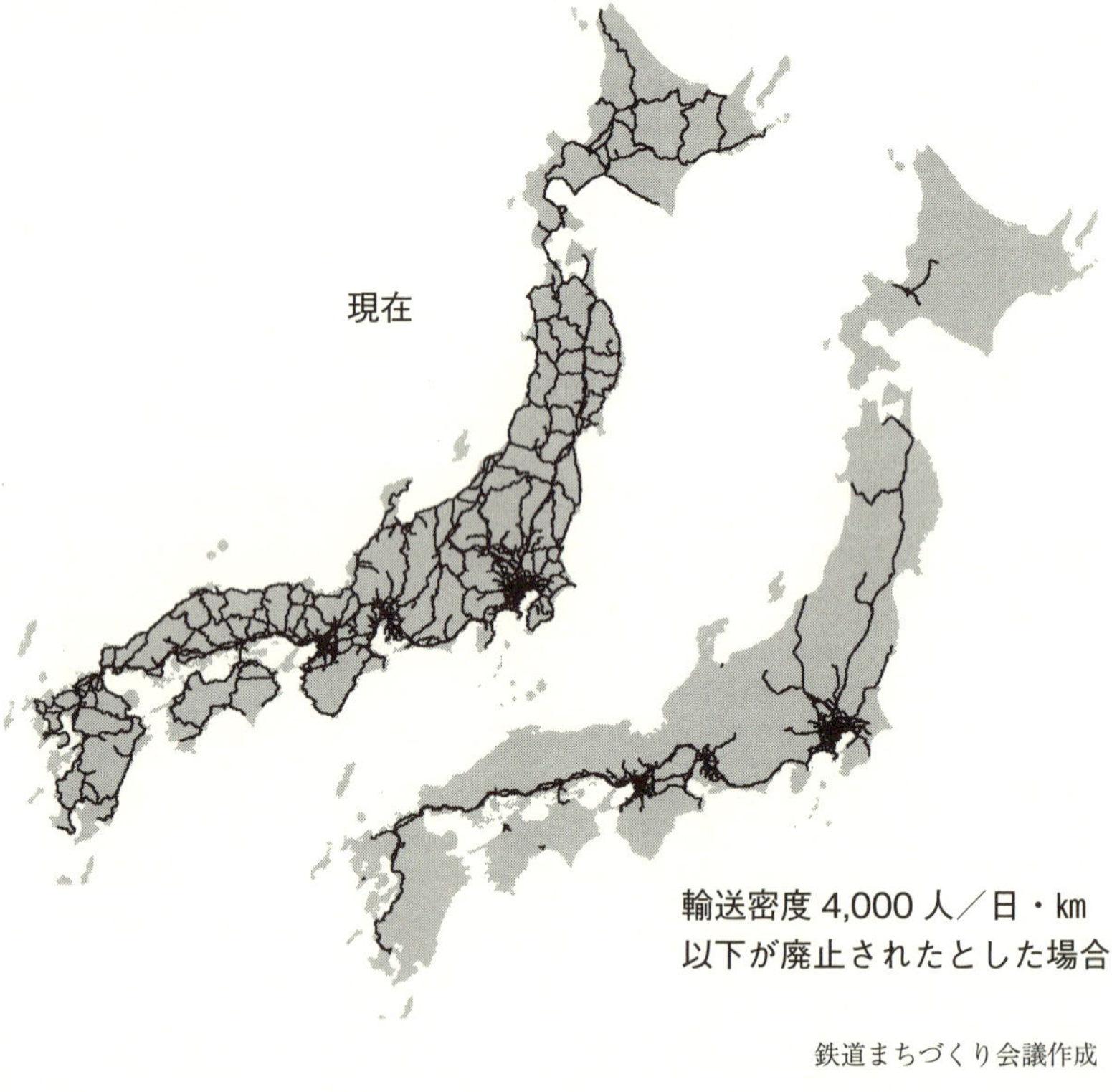

鉄道まちづくり会議作成

ラム③八一ページ参照）。

さらに需給調整規則の廃止は、鉄道だけでなくバスにも及ぶようになったので、現在の交通政策の延長上では、鉄道だけでなくバスも広範囲にわたって消滅することになるでしょう。そのときには、人々がますますクルマに頼らざるを得ず、いくら道路を建設しても渋滞《じゅうたい》が広がっていく一方で、免許やクルマを持たない人々の移動の自由が奪われることになります。

参考までに、もし日本の鉄道をすべて狭い意味での採算性だけで存廃を評価したとすると、日本の鉄道ネットワークがどのようになってしまうか、二八ページの図に示します。このとき、新幹線と六大都市圏の中心部分と、いくつかの例外的な地方都市では鉄道が残るかもしれませんが、それ以外の地域では鉄道ネットワークが崩壊《ほうかい》してしまうと予想されます。

たとえ利用者の少ない鉄道でも、ランドマークとしての鉄道の意義もあります。鉄道のない都市は、人々の認識上の地図から消滅し、物理的には住宅や商店の集合体が存在しても、文化的には「まち」とは呼べないものとなるでしょう。

くなるなどの事態が発生し、路線の存廃問題につながった。

Q3 クルマがあれば、他の交通機関はいらないと思いますが？

クルマはドア・ツー・ドアでどこにでも行くことができ、便利です。道路を重点的に整備したほうが、住民やまちの発展のためにも役立ちませんか。

皆が自由にクルマを使えるわけではない

多くの人が「公共交通がなくても、クルマさえあれば問題ない」と考えています。現時点ではそれですむかもしれませんが、これから一〇年先、二〇年先のことを考えると、事情はかなり違ってきます。

たしかにクルマは、好きなときに、好きな場所に移動できる乗り物です。ただし、それは一定の条件がそろっているかぎり、という限定つきです。歳をとって安全に運転できなくなった人、心身の障がいや知的障がいのために運転免許が取れない人、免許年齢に達しない子ども、免許があっても自家用車を必要なときに使えない人、経済的にクルマを持てない人など、条件が一つでも欠けると、ただちに移動の困難に直面する人は少なくありません。しかもその数は、将来どんどん増えると予想されます。

家族や知人に頼んで、クルマに乗せてもらうという方法で物理的に「移動」はできますが、自分の意志にもとづいた自由な移動とは、ほど遠いものがあります。相手の都合に合わせることが条件になり、度重なると心理的な負担も重くなります。少しくらい不便でも、鉄道やバスで移動したほうが、よほど気が楽だと考える人も少なくありません。

今、日本全国のまちで、行きたいところに自由に行けない人、専門的には「移《い》動制約者《どうせいやくしゃ》」といわれる人々が増えています。自治体が合併した結果、市役所などの公共施設が今までより遠く離れてしまうケースも増えています。利用者数が少ないためにバスの本数が削減され、「買物も自由にできない」「毎日の病院通いや、市役所など公共施設へ行くにも不便で仕方がない」など、生活に支障をきたしています。

二〇〇二年から運転免許更新時の適正検査義務が七〇歳からに改正されました。さらに、二〇〇九年六月からは、七五歳以上の高齢者が運転免許を更新する際、認知機能検査で基準を満たさなければ、免許の更新ができなくなりました。よく「国民皆免許」といわれますが、その人たちの年齢層が、これから上がって

高齢者の免許更新

二〇〇八年現在、七〇歳以上の運転免許保有者は、三年に一回、免許を更新する際に「高齢者講習」の受講が義務付けられている。さらに二〇〇九年からは、七五歳以上で更新する人に対して「認知機能検査」が行われることになった。しかしいずれも、内容や有効性に疑問を呈する意見もある。

ゆきます。しかし、年齢が上がるほど反射神経、判断力が鈍り、運転時の危険度は増してゆきます。「自分は高齢になってもクルマを運転するから公共交通はいらない」という人を見かけますが、「歳をとったので運転免許を返上した」という人も多くなりました。全国には、潜在的に約三〇万人の認知症のドライバーがいるといわれています。高齢者が加害者となる事故も増加の一途をたどっています。自分自身へのリスクもさることながら、七〇歳、八〇歳になって、重大な人身事故の加害者になったら、どうやって責任をとるのでしょうか。

一方で現在では、七〇歳、八〇歳くらいなら、まだまだ社会的にいろいろな活動に参加することが可能であり、それが健康の維持にも役立ちます。障がいを持つ人々にとっても同じです。皆が活力のある生活を送るためには、本人の自由な意志で移動できる交通手段が不可欠です。ひいては、このことが福祉に関する負担を軽減することにもつながるのです。これをクロス・セクター・ベネフィット（Cross Sector Benefit）といい、さまざまな分野で用いられています。

現在の自分の状況だけを基準にするのではなく、さまざまな条件の

高齢者の免許保有率の予測

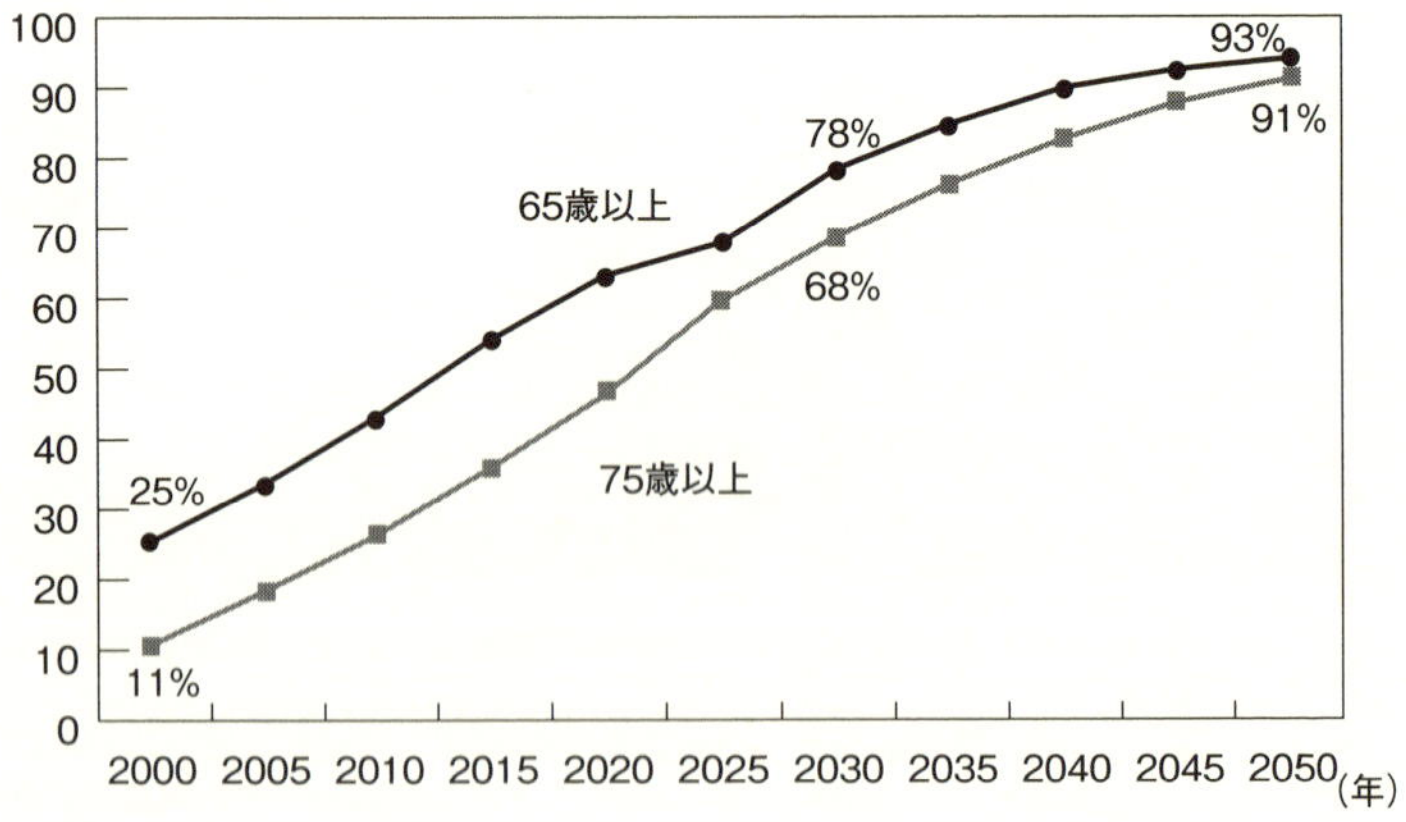

出典）国土交通省国土審議会第三回ライフスタイル・生活専門委員会（2005年11月）国土交通省提出資料

人や、将来のことも考えて、これからの交通問題について計画的な取り組みが必要な時期に来ています。最近、日本でも、「交通権」という言葉が知られるようになってきています。交通権とは、「誰もが自由に移動できるという権利」を指します。ヨーロッパでは、この概念が「国民に保障されるべきもの」として認識されており、フランスでは法律として明記されています。そろそろ日本でも、このような考え方に転換する必要があります。今はクルマの運転ができるからいいと思っていても、いずれ公共交通がなくなって困ることになるのはあなた自身です。

マイカーの維持は経済的にも大変な負担

日本の経済構造の変化にともない、良し悪しはともかく、雇用の形態も大きく変わりつつあります。正社員を減らして派遣《はけん》社員やパート、アルバイトなどを増やしたり、正社員でも年収は減少傾向にあり、今や大都市でも、年収二〇〇万~三〇〇万円台といった例もみられ、地方都市ではさらに厳しくなっています。

このような状況で、交通手段に費用がかかるようになると、ますます職業の選択に制約を受けるという事態が発生します。

一般的にクルマにかかる経費は公共交通よりも安くつくイメージがあります。

高齢者の免許返納奨励制度

自治体の中には、交通事故防止の観点から、高齢者の自主的な免許返納を奨励する制度を設ける例が増えている。富山市では、六五歳以上ですべての運転免許を自主的に返納した人に対して、二万円相当の鉄道・バスの乗車券等を支給している。(二〇〇八年一二月現在)

クロス・セクター・ベネフィット (Cross Sector Benefit)

ある分野への投資が他の分野にも便益を及ぼし、相互の分野での費用対効果が改善されることを指す。福祉と交通など、さまざまな分野間において成立する。自治体において事業を行う場合に考慮される評価として、日本でも広く認識され始めている。

これは日頃、ガソリン代ぐらいしか意識していないのでそう考えられがちなのですが、クルマを維持するためのコストを具体的に試算すると、新車を購入して、平均およそ九年間使用するとして、購入費や税金、車検代などを含め、一カ月あたり平均約五万円といわれています。年間にすると約六〇万円になります。地方では一家に三~四台のクルマを所有する世帯もありますから、四台で年間あたり計二四〇万円にもなります。また一人が生涯にクルマに費やす費用は約三〇〇〇万円ともいわれています。

私たちが精神的、文化的に豊かに暮らしていくには、移動の自由が必要不可欠です。それには、クルマよりも、公共交通のほうが持続可能な暮らしができます。地域においてしっかりした公共交通体系が維持されていれば、クルマに頼らず、比較的コストの小さな生活を送ることが可能だからです。ましてや高齢化社会においては、公共交通は重要な役割を担います。今でも鉄道がある地域は、その仕組みを手放してはならないと考えるべきでしょう。

鉄道が最も省エネ交通機関

日本は、地球温暖化の原因となる二酸化炭素（CO_2）などの温室効果ガスを削減する「京都議定書」を批准《ひじゅん》し、二〇〇八年〜一二年に一九九〇年比で六%削減することを世界に約束しています。その細目を定めた「京都議定書目標達成計画（二〇〇六年改訂版）」によると、交通分野からのCO_2排出量は、二〇〇五年までの実績で、九〇年に対して一八・一%増加しています。国全体として京都議定書の目標を達成するためには、交通分野において、一〇〜一一%前後の増加にとどめる必要があるとされています。今後、いくつかの増減要因が考えられますが、現状の推移では、まだ目標に到達できない可能性があります。最大の要因は、下図のように、自動車（業務部門・家庭部門）による増加です。貨物部門も若干の増加がありますが、全体の比率はわずかです。また公共交通部門（鉄道・バス・航空機など）は、差し引きでほとんど増減がありません。

つまり交通部門では、自動車交通対策がCO_2削減の鍵を握ります。なかでも自家用乗用車による移動を、できるだけ公共交通に転換する必要があり、エネルギー効率のよい鉄道

交通の種類別CO_2発生量増加

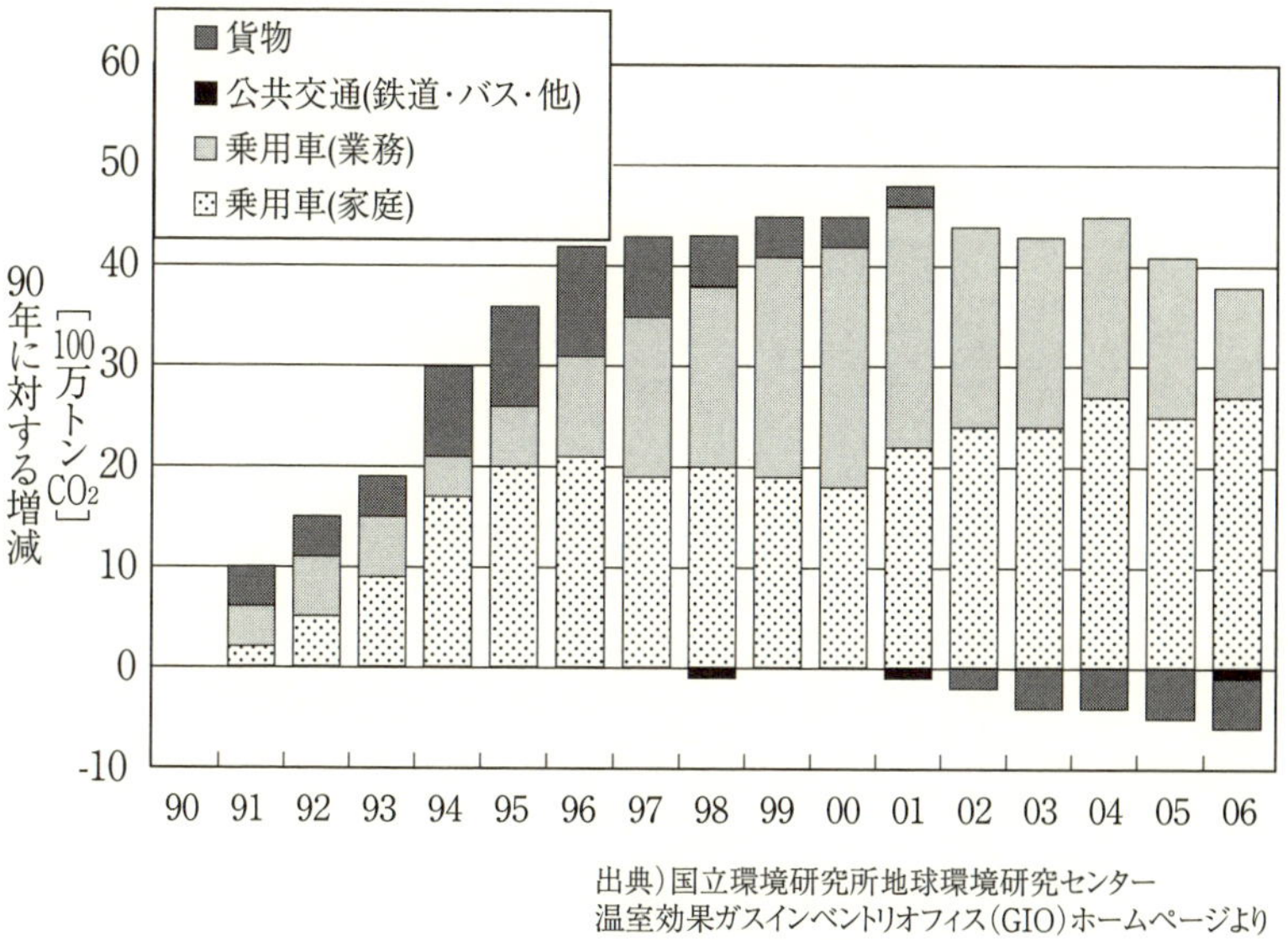

出典）国立環境研究所地球環境研究センター
温室効果ガスインベントリオフィス（GIO）ホームページより

をもっと積極的に活用して環境負荷の小さい交通体系を構築する必要があります。Q1に示したように、一車両当たりの乗車人数が少ないローカル線でも、具体的に計算してみると、電車であっても気動車であっても、一車両に七～八人以上乗れば自家用乗用車より省エネになります。

鉄道駅が地球温暖化を防ぐ

鉄道は、それ自体がエネルギー効率の高い乗りものであるとともに、「駅」が持続的なまちづくりの核になる効果も見逃せません。

日本の都市の鉄道駅周辺では、企業・商店・住宅が集まって、人口密度の高い街がつくられています。これに対して、郊外に住宅が散在した地域もあります。両者を比較すると、住民一人あたりの交通エネルギー（ガソリン使用量）が数倍も多くなります。

全国を見渡すと、鉄道（在来線）駅がまちの核となっています。しかし高速道路のインターチェンジや、在来線と接続していない新幹線の駅は、まちの核になっていません。

こうした要因から、全国の代表的な都市について整理してみると、図のように、交通手段（人の移動）のうち、鉄道の分担率が大きいほど、その都市の住民一人あたりの交通からのCO_2排出量が少なくなる傾向がわかります。

鉄道分担率と住民１人あたりCO_2排出量

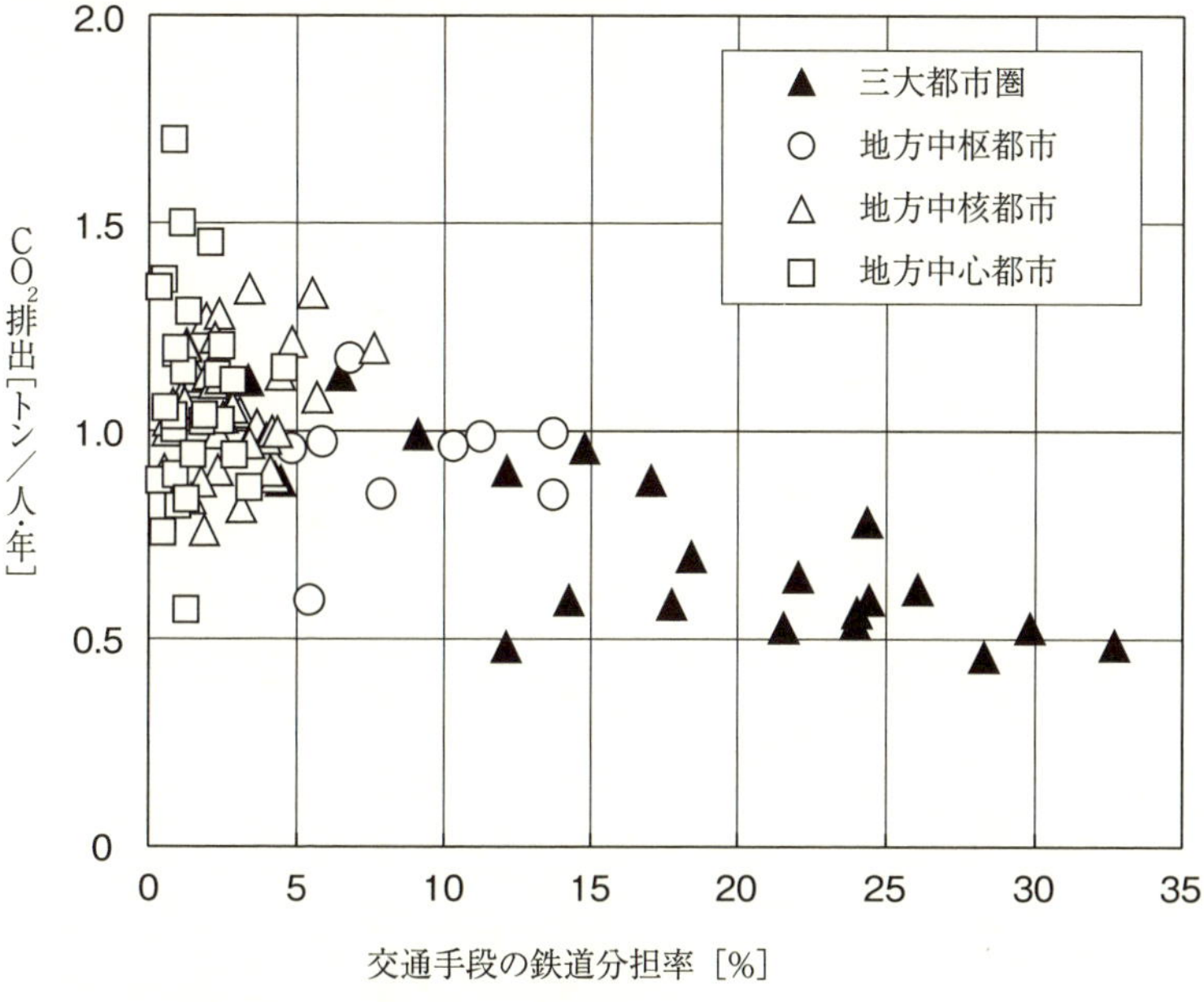

出典）国土交通省都市地域整備局・国土技術政策総合研究所「平成11年全国都市パーソントリップ調査」等より、環境自治体会議・環境政策研究所作成。

Q 4 バスに切り替えたほうが合理的ではありませんか？

列車本数が少なくて赤字の鉄道よりも、バスに切り替えたほうが、経営の負担が少なくなり、住民の足も確保できるのではありませんか。

もっと深刻なバス

鉄道が廃止されたあとの代替《だいたい》交通としてバスが検討されます。「バスのほうが運行経費が節約《せつやく》され、赤字は減る」と考えられているからです。ところが、鉄道からバスに転換された場合、乗客数が急減するのが実態であり、ここ七、八年のデータでは約三割から四割までに落ち込む例もあります。これでは経営が好転するとは言えません。

日本全国の地方公共交通は、深刻な状況におかれています。「鉄道事業法」が二〇〇〇年に改正された影響と同様に、「道路運送法改正」によって需給調整規制が撤廃されたことによって、バスの路線撤退も自由になりました。いま全国のバス事業者のうち、約八割が赤字です。赤字を理由に廃止するのなら、鉄道と同

道路運送法改正
路線バスも鉄道事業と同じように、これまでの「免許制」から「許可制」に改正。市場原理を導入することでサービス向上をはかることが目的。一定の基準を満たしていればバス事業に参入できるが、撤退もしやすくなった。二〇〇二年に施行。

じように、ほとんどの路線バスが姿を消してしまうことになります。地域の公共交通はもはや独立採算制《どくりつさいさんせい》では成り立たない状況にあります。バス転換は、一時的には代替手段が提供されるように見えますが、いずれ公共交通の全廃につながります。

バスは鉄道の代わりになるか

二〇〇一年に運行停止となった京福電鉄の越前本線・三国芦原線・永平寺線の場合は、代替バスとなって乗客数が六四％減となりました。また、同年廃線になった岐阜県の名鉄各線は、廃線後一年の段階で、揖斐《いび》線は四五％減、八百津《やおづ》線は六五％減、竹鼻《たけはな》線は六七％減、谷汲《たにぐみ》線では八三％減となっています。これではバスの撤退も時間の問題といってもいいでしょう。

二〇〇二年に廃止された長野電鉄の河東《かとう》線の一部（通称木島《きじま》線）では、鉄道からバスに転換した後、鉄道と同運賃で引き継いだにもかかわらず、急激に利用者が減って、運行開始後一年も経ないうちに便数の削減《さくげん》が決まりました。多くの場合、代替バスへの転換計画では、こうした利用客の減少を見込んでおらず、加えて継続的な維持の取り決めもなされていません。また、代替バスの運賃は一般的

バスも存続の危機

秋田県の調査によると、二〇〇八年九月末現在で、県内に存在する五八二系統のうち、八三パーセントにあたる四八六系統が赤字で、前年に比べ二・六パーセント増加した。乗客数は過去の最盛時の七分の一以下となっている。秋田県は路線バス維持の補助金としておよそ二億三〇〇〇万円を盛り込んでいるが、厳しい財政状況の中で永続的な支援は難しいと表明している。（二〇〇九年二月一〇日・NHK秋田放送局ニュース）

に鉄道よりも高く、ことに定期券が鉄道の数倍になるケースが多くみられます。こうした条件を充分に考慮しないまま、鉄道の廃止が実施されるケースが少なくありません。

鉄道廃止の影響

前述の岐阜県下の名古屋鉄道各路線は、「電車がなくなっても暮らしに影響はない」という声に押されて存続運動が盛り上がらず、廃止となりました。しかし鉄道の廃止によって大きな影響を受けたのは、揖斐《いび》線沿線にある県立揖斐高校の生徒たちです。バス転換になったあと、電車とバスの乗り換えが必要になり、そのうえ定期代が大幅にアップしました。ある生徒は、廃線前に六カ月二万四四一〇円だった定期代が、廃線後は電車とバスを合わせ三カ月で計四万五六三〇円になり四倍近くに増加しました。

それから一年後、中部運輸局が廃線となった岐阜県下の各路線の輸送状況を調査したところ、前述したように最大で八三％減になっていることが判明しました。原因は、定期代の上昇や所要時間が増えたことなどです。

京福電鉄の福井県内の三路線は運行停止になったとき、代替バスの乗降客数は最終的に鉄道運行時の四割以下まで減少しました。ところがその後、えちぜん鉄道として運行を再開すると、一転して乗降客数が運行停止前の八割まで回復しました。この例では、運賃は変わらないのに、バス代替になると乗客数が落ち込み、逆にバスから電車に戻しただけで、乗客数が大きく回復したのです。つまり、バスそのものが利用しにくいため敬遠《けいえん》されたことがわかります。

これまでは「バスが最後の守るべき公共交通であり、鉄道は最後の守るべき交通機関ではなく、廃止を進めていくべき交通機関である」といわれてきました。しかし、ここ数年の事例を検討してみると、この考え方は通用しないことがわかります。地方鉄道問題検討会が二〇〇二年に発行した「地方鉄道復活のためのシナリオ」のなかでも、鉄道だからこそ発揮《はっき》できる機能に注目し、単に輸送密度や赤字・黒字の評価でなく、「鉄道は鉄道として残すことを考えるべき」と指摘しています。

最後に、鉄道廃止によるマイナス効果をまとめておきます。

〈鉄道廃止のマイナス面〉

□鉄道廃止後、鉄道利用者の半数あるいはそれ以上がクルマに流れる実例が多

い。それは代替バスにとっても厳しい経営を強いることになり、本数削減や路線撤退につながる。

□道路の交通量の増加は、代替バス運行の阻害《そがい》要因となる。クルマもまた交通渋滞の影響をこうむることになる。

□年齢のために運転能力が低下しても、無理に運転せざるをえなくなったり、青少年は自転車・二輪車の利用に転換するため、いずれも交通事故の加害者・被害者になる可能性が高くなる。

□家族による送り迎えが増加することになり、余分な労力が必要となるうえ、働き手による送り迎えの習慣化は日本経済にとってマイナス要因になる。

□通勤・通学時間帯の輸送は、バスでは代替困難なケースが多い。バスは鉄道よりも気象条件の影響を受けやすく、ことに積雪地域での冬期の輸送はバス依存では不安定である。

□以上の要因により、鉄道を廃止した地域に対する社会的・経済的評価が下がり、地域経済にとって大きなマイナス要因となる。

コラム①

クルマ社会だからこそ必要な地方鉄道

環境自治体会議環境政策研究所　上岡直見

地方都市の周辺では、朝の通勤時に、市内へ向かう道路が自動車で一杯になり、渋滞も珍しくありません。もっと道路を広げて、たくさんの自動車が走れるようにすべきなのでしょうか。ここで、自動車が透明で、乗っている人だけが見えていると想像してみます。朝の通勤時の自動車には、ほとんど一台に一人しか乗っていません。たしかに「自動車」がたくさん走っていますが、動いている人は、道路上にまばらに見えるだけでしょう。これで道路が有効に使われているといえるのでしょうか。

道路と並行して、昔からあるローカル鉄道の列車が走っている地域があります。いかにも時代遅れのように思う人もいるかもしれません。まして経営が赤字となると、そのような交通機関に税金を投入して維持するよりも、廃止してしまったほうが効率的だという意見もよく聞きます。

ところが、そうではないのです。道路にせよ鉄道にせよ、交通というのは人間が動くのが目的です。道路が自動車であふれていても、さきほど述べたように、社会的に効率的とはいえないのです。しかも自動車は、鉄道に比べて交通事故が多く、エネルギーをたくさん消費して、地球温暖化を加速します。

かりに道路と並行する鉄道が廃止されて、それまで鉄道で通勤していた人が、自動車に乗り換えたとします。当然ながら道路を走る自動車の台数が増加します。一見すると、たいした台数ではないように思われますが、その影響は大きいのです。

たとえば、旧京福電鉄（福井県）が事故で全面運休となった二〇〇一年以降に、並行する道路（国道四一六号線）などで渋滞が発生し、沿線の人々はおどろきました。特に冬期には雪の影響もあって混乱が続き、それまであまり鉄道に関心のなかった人も、あらためて鉄道の重要性を認識しました。この経験が、旧京福電鉄を引き継いで第三セクターの「えちぜん鉄道」を発足させた大きな推進力となりました。

他の地域でも、鉄道の運行が停止すれば、同様の事態が起きることは確実です。道路というのは、ある限界点を超えると急に渋滞がひどくなって動かなくなるからです。いま通勤時に、部分的にでものろのろ運転がみられるような道路では、あと若干の自動車の通行量が増加すると、ほとんど流れなくなるおそれがあります。実際に鉄道を止めて実験することは困難ですから、道路の条件（車線数）や、現状の通行台数などのデータを使ってシミュレーションしてみました。

現在、あるいは過去に、存続問題が浮上した路線の例として、全国の各地域から、上田交通・日立電鉄・鹿島鉄道・上信電鉄・わたらせ渓谷鉄道・のと鉄道・高松琴平電鉄を取り上げます。これらの鉄道利用者のうち、通勤客が自動車に転換すると、その台数の増加によって、朝のピーク時の並行道路で、道路の流れが悪くなり所要時間が増加します。下の表に、鉄道利用者が自動車通勤に移行したと仮定して渋滞増加による時間損失の推定値を示します。鉄道が運行されていることによって、これだけの社会的な損失が防がれています。ここで気づいてほしいのは、所要時間が増加することによる損失は、鉄道から自動車に移った人だけにではなく、もともと道路を通行していた人を含めてすべての人に及ぶということです。

自動車の増加に応じて、さらに道路を整備する対策も考えられますが、国も自治体も財政面での制約が強まっている現在、いつまで道路に頼った交通政策を続けることができるのでしょ

鉄道利用者が自動車通勤に移行した場合の時間損失

路線名	関連自治体	並行道路の例	車線数	時間損失（億円／年）
上田交通	長野県上田市	国道 143 号	2	0.5
日立電鉄（廃止）	茨城県常陸太田市・日立市	国道 293 号	2	23.7
鹿島鉄道（廃止）	茨城県石岡市・鉾田町	国道 355 号	2	1
上信電鉄	群馬県高崎市・下仁田町	県道高崎万場線	4	5.1
わたらせ渓谷鉄道	群馬県桐生市	国道 122 号	2	0.1
のと鉄道（部分廃止）	石川県七尾市・穴水町他	国道 249 号	2	1.6
高松琴平電鉄	香川県高松市・琴平町	国道 11 号	6	129.8

うか。それよりも既存の鉄道に多少の費用を投じて、存続・活用をめざしたほうが、社会全体として格段に有利です。逆に鉄道のサービスレベル（運転本数の増加、スピードアップなど）を向上させることによって、自動車から鉄道への乗換えを促進することもできるでしょう。

クルマ社会だからこそ、地方鉄道の存在意義があるのです。

旧京福電鉄の事故による通学輸送の混乱
（『福井新聞』二〇〇一年六月二八日号）・福井新聞社提供

代行バス通学 遅刻続出

渋滞で遅れ／満員乗れず

期末試験の影響危ぐ

京福衝突事故 余波続く

勝山市で起きた京福電車の正面衝突事故に伴い、二十五日から全線で始まったバスの代行運転が高校生の通学に大きな影響を与えている。運行時間の遅れで、福井市や坂井郡内の高校では遅刻者が続出。来週には期末試験が始まる高校も多く、関係者は混乱が収まるかどうか気をもんでいる。地元自治体からは電車の早期再開を望む声が出ている。（1面に本記）

高校生の通学に大きな影響を与えているバスの代行運送＝25日、京福福井駅

県教委のまとめによると、京福の代替バスに乗車して始業時刻に遅れた県立高の生徒は二十五日が二百四十人、二十六日百五十六人、二十七日には九十四人あった。福井商、高志、三国などで多いという。

福井市内にある私立四高校でも事態は深刻。二百人が京福電車を利用する北陸高では、代行初日に七十人が遅れ、二日目以降もそれぞれ五十人が遅刻した。啓新高では連日三十―五十人、仁愛女子高も二十人程度が遅れた。

幹線道路から各駅に向かう際に時間がかかり、朝のラッシュに遭ってしまうのが主な理由とみられる。「早く家を出ても、いつ着くか分からず不安」と訴える生徒が多い。

バスの便数は越前本線で上り三十五本、下り三十九本、三国芦原線で上り三十二本、下り三十四本、永平寺線が十六往復。輸送力も不足しているとみられ「満員で乗車できず、一本見送って後続のバスに乗らざるを得なかった」（仁愛高生徒）というケースも少なくない。

バス代行による通勤、通学への影響は、二十七日の県会一般質問でも取り上げられた。西藤正治教育長は、遅刻によって生徒が不利益にならないよう配慮するとした。啓新高では「一応遅刻扱いにはするが、皆勤賞には影響しないと生徒に説明している」という。

県教委は、バスの増便を京福側に要請、状況がどう推移するか見極めたいとしている。来週から期末試験が始まる学校の中には「開始時間を遅らせることも考える」（北陸高）とする学校もある。

Q5 路線跡をバス専用道路にしたらどうでしょうか？

廃線後の跡地は、バス専用道やサイクリングロードにするなど、いろいろアイデアは考えられます。活用次第では地域の活性化に十分役立つのではありませんか。

費用対効果による冷静な分析を

鉄軌道の存廃問題において、必ずといってよいほど提示される選択肢が「鉄道を廃止してバス専用道にする」という案です。最近、この案を「BRT（Bus Rapid Transit の略）」と呼んでいるケースがあります。

BRTとは、簡単にいうと、バス専用車線や連節バスなどを用いて輸送する新しい交通システムのことをいいます。BRTは、軌道系交通と比較して整備費用が安価で済み、バス優先レーンやバス優先信号の導入などによって、道路渋滞の回避や所要時間の短縮が可能になるとされています。従来のバス輸送のデメリットを改善した新しい輸送システムと位置づけられていることから、現在、各方面から期待を集めています。

BRT（Bus Rapid Transit）

BRTとは、「バス専用道路などにより、軌道系交通と比較しても遜色のない機能を有し、かつ柔軟性を兼ね備えたバスをベースとした都市交通システム」と定義される。牧村和彦、矢部努［2002］IBS Annual Report 研究活動報告2002（MASS TRANSIT Bus Rapid Transit Shows Promise/GAO,2001）

では、存廃問題が起きた際、ＢＲＴを鉄道と同等と考え、鉄道を廃止し、ＢＲＴ化を進めていけばよいのでしょうか。この場合も、客観的かつ冷静な判断が求められることに変わりはありません。ここで、ＢＲＴと鉄道について比較してみましょう。

たとえば、鉄道は、速達性や、道路に対して優先通行権を有する交通システムです。鉄道は、単線の地方路線でも、条件を整えれば時速一〇〇㎞前後の速度で走行することが可能です。これに対して、単線の鉄軌道を廃止してＢＲＴ化する場合、充分な幅員が確保できない状況や、ＢＲＴに鉄道のＡＴＳ（Automatic Train Stopの略。自動列車停止装置）のような保安システムが確立されていないこともあり、鉄道と同じようなスピードで走行できるとはかぎりません。一般道路との交差点では、鉄道は、踏切によって停止することなく通過できる優先権を持っています。しかし、鉄軌道をＢＲＴ化しても、ＢＲＴがこの優先権をそのまま引き継げるとはかぎりません。例えば富山県の富山地方鉄道射水線の廃線跡はバス専用道になっていますが、制限速度は時速二五㎞に抑えられています。

ＢＲＴが今後どのようになるかわかりませんが、これから制度的な検討や基準の策定、技術開発が必要な交通システムといえるでしょう。一方、これらの機能を合わせもつ鉄道は、現時点では一見、古く見えるかもしれませんが、高速・大量輸送という能力を比較的小さな投資で高めることのできる交通システムといえるでしょう。

またＢＲＴは「まちづくりや乗客輸送において、鉄道と全く同じ機能・役割を担えるわけではない」と学識経験者が指摘しています。すなわち、鉄道には鉄道ならではの長所がある、ということです。したがって、鉄道を廃止したあとに別のものをあてがっても、当然、弊害が出てきます。それがＢＲＴであっても同様です。「鉄道を廃止し、ＢＲＴ化することにより、バス転換の場合と同様に、乗客が離れることを想定する必要もある」と交通事業者が指摘しています。

鉄道を廃止しバス転換すると、実際、すべての乗客がバスを利用するわけではなく、自家用車の利用に流れます。それによって発生する道路渋滞も、費用便益分析の評価に加える必要があります。また、鉄道を廃止してバス専用道を整備する場合よりも、鉄道として活性化・再生する便益のほうが大きくなるケースが少なくありません。事前に費用便益分析で検討すべきです。

費用便益分析の結果、ＢＲＴを選択する場合もあります。その際、一口にＢＲＴといっても、計画にどのような施策が盛り込まれるかによって効果はおのず

都市交通手段の分担領域

都市交通手段の輸送力は、それぞれ、地下鉄（一時間あたり輸送量二～六〇〇〇〇人）、中量軌道鉄道（輸送量二〇〇〇〇人～二〇〇〇人）、バス（輸送量五〇〇～二〇〇〇人）とされる。ただし、近年、大量型鉄道と中量型鉄軌道の融合した形態（トラムトレイン）が見られ、移動距離については領域の変化がある。ＢＲＴについても、バスの改良システムとして輸送力を向上させたケースもある。

と異なります。地域の特性や必要性に見合ったＢＲＴ整備を行うことが重要であり、さらに、それぞれのシステムの特性や輸送力、潜在力、地域の潜在需要などに見合う適材適所の選択をすることが適切です。

また、ガイドウェイバスの導入案もあります。これを実施するには、鉄道の再生よりもはるかに大きな費用が必要になるため、費用対効果分析を行うと、多くの場合、この案も採用の余地がないことが明らかになります。

このほか、跡地活用としてサイクリングロードや遊歩道にするという話も出てきます。しかし、鉄道を存続させる代わりにサイクリングロードや遊歩道の整備に税金を投入することが、果たして地域全体の便益《べんえき》を向上させるのかどうかを問う必要があるでしょう。

ガイドウェイバス
バスの両輪に案内装置をとりつけ、高架上の専用軌道では、ガイドレールの誘導で電車のように走り、一般道路に降りると、普通のバスとして走行するシステム。

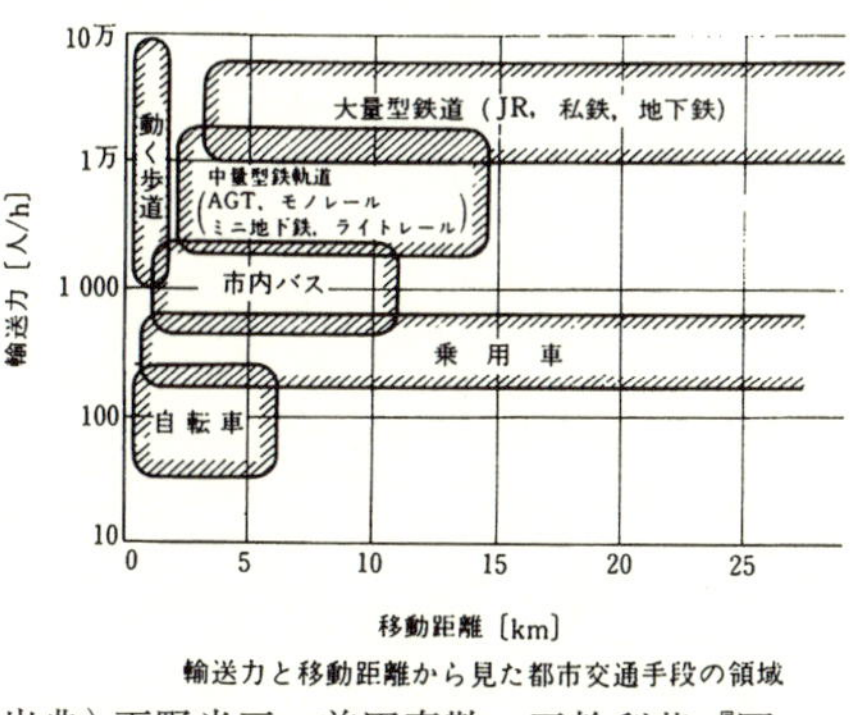

輸送力と移動距離から見た都市交通手段の領域

出典）天野光三・前田泰敬・三輪利英『図説鉄道工学』丸善，1992年より。

Q 6 鉄道がなくても、まちづくりには関係ないと思いますが?

利用者が少ない鉄道は、まちづくりに関係ないように思います。魅力あるまちづくりに向けて、もっと別のことにお金を使うべきではありませんか。

市街地の拡大によってもたらされたもの

今日、日本全国の都市は、市街地の拡大、モータリゼーションの進展と相まって公共交通の衰退《すいたい》、中心市街地の空洞化《くうどうか》、環境負荷《かんきょうふか》の増大といった問題をかかえています。

高度成長期から現在に至るまで、日本の都市は、市街地を膨張させ続けることで成長してきました。人口が増加し続けた時期は、その維持コストを固定資産税や住民税の増加でまかなうことも可能でしたが、地価が下落し、人口減が見込まれている今日、従来のような拡大政策を続けることは困難となり、都市政策は大きな転機を迎えています。

市街地が拡大していくと、道路・上下水道の整備需要は、市街化が進む距離

中心市街地の空洞化

従来、鉄道駅を核として発達してきた市街地が、モータリゼーションにともなって郊外の道路沿いに分散するようになり、「シャッター通り」と通称されるような商店の廃業の増加など、中心市街地の活力の低下が問題となっている。

環境負荷

空洞化と同様に、市街地の分散にともなって、中小都市はもとより、県庁所在地や、さらに三大都市圏に

の二乗に比例して増大します。たとえば市街地の半径が二倍になれば、市街地の面積は四倍になり、道路や下水道の整備の必要性も四倍になります。もちろんそれを維持するコストも必要です。ごみの収集、福祉サービスの提供、雪国では除雪もしなければなりません。かつては市街地の拡大が都市にとって有効な施策であった面もありますが、現在では拡大した市街地の維持コストが市町村の財政を圧迫しており、その拡大政策をいまだ転換できずにいる都市も少なくありません。

市街地の拡大は当然、交通のコストも増大させます。公共交通においては、カバーしなければならない市街地面積が伸び続けていますが、人口が増えているのではなく拡散しているだけというのが実態であるため、路線の多くが非効率的な運行を余儀なくされています。

社会のコストを下げ、持続可能なまちづくりをするには

日本では一九六〇年代からモータリゼーションが急速に進み、それに反比例して地方の公共交通ネットワークは縮小していきました。道路が整備されるにしたがって、クルマの利便性は飛躍的《ひやくてき》に向上し、クルマ利用の拡大に合わせて、大含まれるような都市でも、人々の暮らしのクルマ依存度が高まり、一人あたりの交通エネルギー消費が増加を続けている。

人口密度と住民1人あたりの行政サービスの費用の関係

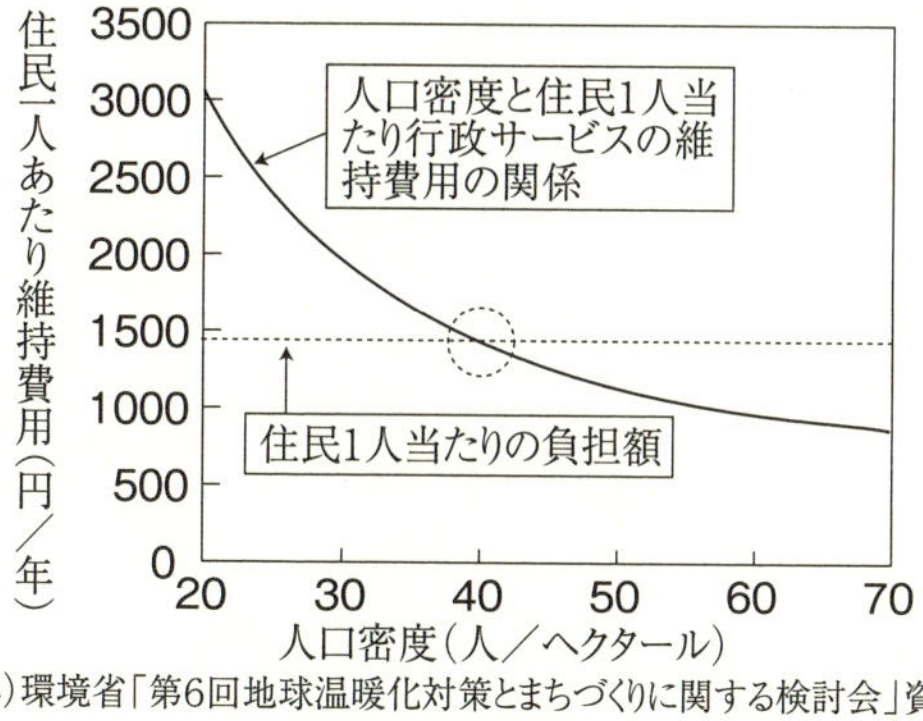

出典)環境省「第6回地球温暖化対策とまちづくりに関する検討会」資料より。

規模な駐車場を備えた郊外型のショッピングセンターが登場しました。それによって、鉄道などの公共交通を使わない生活が次第に定着し、中心市街地は空洞化し、さらに大店法《だいてんほう》の改正によって出店の場所や規模の規制が撤廃されたことで、その傾向はますます強くなっていきました。

こうして不便になる一方の公共交通はますます利用されなくなり、今では市街地に住んでいてもクルマを複数台所有し、遠く離れた郊外のショッピングセンターに買い物に行く人が多く見られるようになりました。それによって交通量はますます増え、さらなる道路の整備が求められる一方、日常生活の交通コストも増加しています。同時に、クルマ社会は地球温暖化や大気汚染、騒音、渋滞など、外部コストをもたらします。交通体系を見直し、過度のクルマ社会の修正を図っていくことが、社会全体としてのコストを下げることになります。

地域間競争の時代、鉄道は大きな力になる

これからの時代、地域間競争がより激化するといわれています。

日本の人口は二〇〇〇年前後から減少に転じ、地方都市や中山間地域では、現在の人口を維持することが難しくなると予想されています。社会全体が成長

大店法

「大規模小売店舗における小売業の事業活動の調整に関する法律」の略称。中小規模の小売店・商店街を保護する目的で一九七三年に制定され、一九九一年に改正、二〇〇〇年に規制緩和の一環として廃止。

している時期は、他の地域より経済的、人的な吸引力が多少劣っていても地域経済を成立させることができましたが、経済規模が縮小し、人口が減少していく過程では従来と同じようなかたちで地域経済を成立させることは困難になります。そのときに、外部との交流が、発展を大きく左右する課題の一つとなり、地域の特性をいかした人的・経済的交流が重要となってきます。

今後、地方分権が本格化するにつれ、都市と都市、地域と地域の間における競争はさらに激しくなると考えられます。そうした状況に対応するためには、他の地域にはない魅力を備えていることが重要です。地域を活性化する要素はさまざまですが、鉄道の存在は、地域を特徴づける要素として、大きな強みとなります。

もし、クルマだけを前提とした交通体系にしてしまうと、クルマで来られる人としか交流できません。鉄道があれば、前述のように、子どもなども含めた多様な人々が、より広い範囲から、安全にその地域を訪問することができます。まちの文化や歴史を楽しんでもらいたいとき、交通事故や、道路の渋滞、駐車場の混雑、排ガス

全国の中心市街地空洞化状況

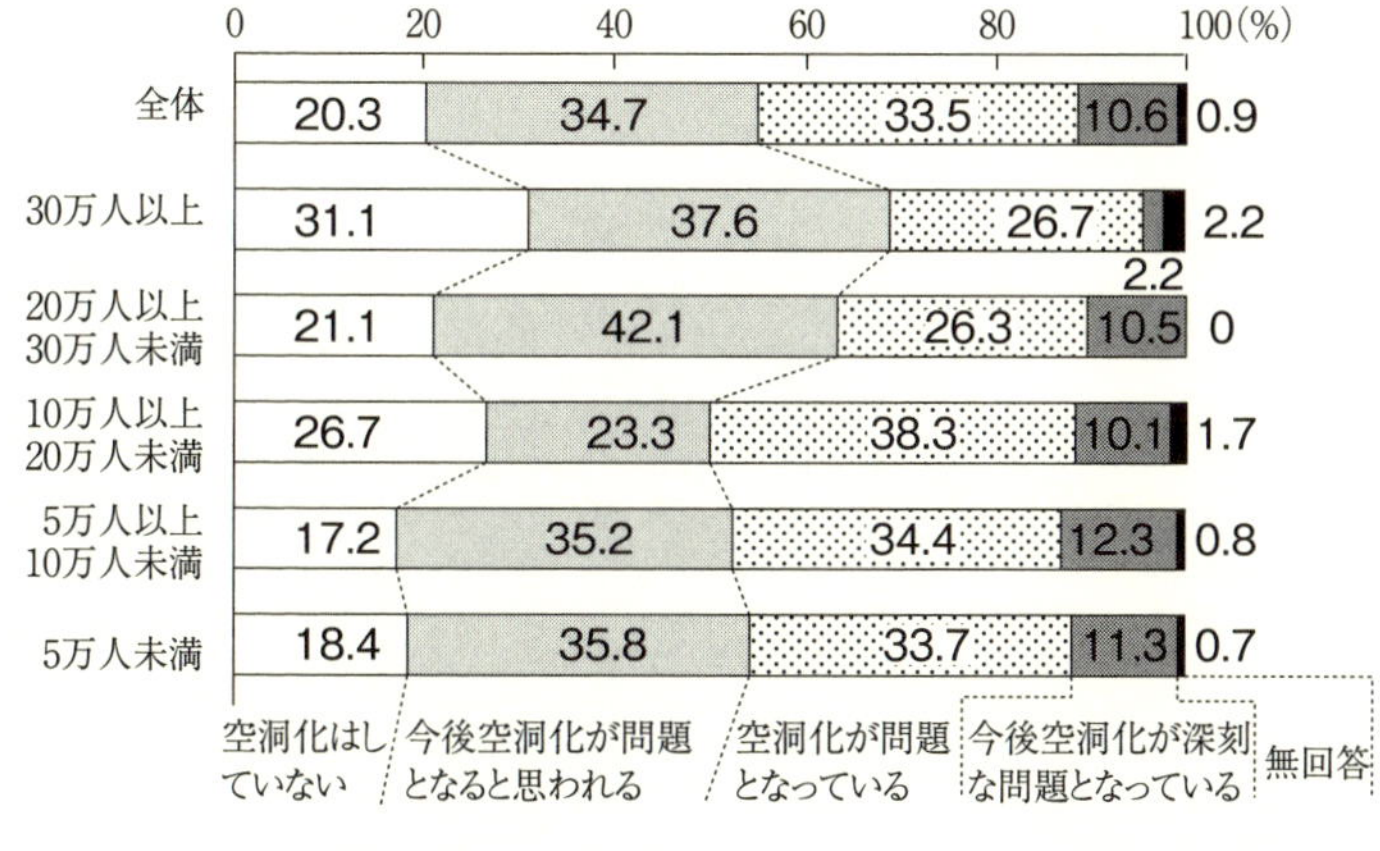

出典）『Q&A　わかりやすい中心市街地活性化対策の実務』
通商産業省産業政策局中小市街地活性化室・中小企業庁小売商業課編

などと無縁な鉄道は、むしろクルマよりも快適な交通手段であり、多くの再訪者を生む条件となるでしょう。

すでに、こうした背景から、発想を転換して、地域の鉄道が残った事例がいくつか出現しています。富山県の加越能《かえつのう》鉄道万葉線は、第三セクター「万葉線株式会社」として、福井県の京福電鉄越前本線・三国芦原《みくにあわら》線は第三セクター「えちぜん鉄道株式会社」として、三重県の近鉄北勢線は既存の鉄道事業者が引き継ぎ「三岐《さんぎ》鉄道北勢線」として、長野県の上田交通別所《べっしょ》線は分社化して「上田電鉄株式会社」として、和歌山県の南海電鉄貴志川《きしがわ》線はこれも既存の事業者が引き継いで新設の「和歌山電鐵株式会社」として、茨城県の茨城交通湊《みなと》線は第三セクター「ひたちなか海浜《かいひん》鉄道株式会社」として存続しています。

これらは、いずれもいったん廃止やむなしという状況に至り、あるいは実際に列車の運行が止まるという事態も克服して、関係者の間での存続の議論の中で、その役割と価値が住民や行政に再認識され、県や市町村が投資を行う枠組みをつくり、地域の鉄道として再生されました。

地方分権

国の権限や財源をできるだけ都道府県や市町村など地方公共団体に移し、地域にかかわることは住民の意志と責任にもとづいて地域で決定する仕組みに変えようとするもの。これまでの中央省庁主導による画一的な行政システムから、地域社会の多様性を重視した行政システムへの転換をはかり、活気ある地域社会をつくることが目的。

Q7 鉄道の価値を合理的に評価する方法はありますか？

鉄道があるに越したことはないかもしれませんが、需要が小さく採算がとれなければ、存続させる価値はないのではありませんか。

「赤字」という概念について

廃止問題の原因のほとんどは、採算《さいさん》が取れない、つまり「赤字」という点です。しかし、鉄道や道路のような交通システムに対して、「赤字」「黒字」という評価はどのような意味があるのでしょうか。

いまでも大阪に「淀屋橋《よどやばし》」などの地名が残っているように、江戸時代は個人の事業家が橋などの交通インフラを建設して、人々に使わせた例もありました。有料と無料の両方のケースがあったようですが、いずれにしても、私財を投じて作っても個人の利用に限定するのでなく、不特定多数の利用者に公開されたわけです。事業家が慈善の精神で交通インフラを提供したとも考えられるし、地域の交通が盛んになることによって、ますます自分の事業が繁盛《はんじょう》することを計算していたのかもしれません。

個人で建設して無料で使わせたとすると、そもそも赤字か黒字かという概念《がいねん》は存在しないことになります。交通には、このように地理的・経済的な「外部効果」があります。明治以後、近代技術による交通手段が導入されるようになっても、それは同じであり、大量・高速の交通手段が導入されるほど、外部効果は広く、大きく波及《はきゅう》するようになりました。

鉄道やバスは赤字、黒字と評価されます。道路も、同じく交通システムです。いったい道路はどうなのでしょうか。

まず高速道路について考えてみます。日本の高速道路は、もともと料金収入で運営と建設を賄《まかな》う独立採算制の仕組みが採用されています。ところが現状は、高速道路事業の場合、約二兆三六〇〇億円の料金収入に対して、約六兆二四〇〇億円の支出（二〇〇六年度の例）となっていますから、まったく収支が合っていません。その不均衡《ふきんこう》により、長期債務がいまも増加し続けていますが、誰もそれを肩代わりしてくれませんから、結局は国民の負担とならざるをえません。

次に一般道路はどうでしょう。よく知られるように、クルマのユーザーが負担する揮発油税・軽油引取税・自動車重量税などを主とする、クルマ関係の諸税

道路特定財源

道路整備に使途が限定された財源で、受益者負担の考えにもとづき、

が、そのまま道路の建設費・維持費に使われる「道路特定財源《どうろとくていざいげん》」の仕組みとなっています。道路を使う人が、それに応じて負担する仕組みであり、この部分ではいちおう合理性があるといってよいでしょう。ところが特定財源のほかに、その七割くらいの額の一般財源も道路に使われています。これは、クルマを使うか否かにかかわらず納税者が負担する額であり、この時点で、もはや赤字・黒字といった基準で評価しえない仕組みになっていることがわかります。

これに対して、鉄道への一般財源の投入は、日本ではきわめてわずかです。欧米では、一般財源や、それに類する性格を持つ財源の投入が行われることがむしろ普通です。たとえばフランスでは、都市交通の建設費・維持費を賄うために「交通税」というシステムがあります。これは、都市圏に立地する、一定規模以上の企業から、都市圏ごとに定められた定率により、所得税的な性格の税を徴収するものです。

日本では、大都市の民鉄では鉄道事業がビジネスとして成り立ち、新幹線システムの成功などもあって、鉄道もふつうの企業活動として捉《とら》えられる傾向があります。これは国際的には全く例外的です。クルマ社会といわれるアメリカでも、過剰なクルマ交通による都市の生活の質の低下に気づき、都市の内部ではで

自動車利用者が利用に応じて道路整備を負担する制度。燃料の使用、車両の保有、取得の各段階で課税される。

一般財源
使途が特定されず、どのような経費にも使用できる財源。これに対して、使途が特定されたものを特定財源という。

交通税（Versement de Transport）
一九七一年にフランスで創設された、大量輸送の公共交通機関整備のための目的税。都市の集積で便益を受ける企業が負担するという趣旨で、都市圏にある一〇人以上の従業員を持つ企業が支払う賃金に、都市圏によって決められた率をかけたものを徴収している。建設だけでなく、運営補助の補塡にも充てられている。

きるだけ公共交通を使うよう誘導《ゆうどう》するために、一定の区間で公共交通を無料にしている都市（シアトル等）があります。そもそも無料なのですから、そこに赤字か黒字かという概念はありません。

このように交通システムでは、単に運賃（料金）収入と、建設費・維持費を比べるという基準だけで、必要か不要かを評価することは不可能です。また、鉄道と道路のいずれが効率的かを比べるにしても、鉄道は企業の収支で評価し、道路には「収支」という考え方がないというように、狭い意味での収支の比較では評価できません。人々のモビリティ（移動）をどのように確保するか、環境への負荷はどうかなど、現象面から最適な交通システムを選び、それに必要な費用を、誰がどのように負担するかという手順で考えることが必要です。

費用便益分析を用いて判断

そこで、地域にとって鉄道を存続させることが合理的かどうかを評価する一つの手法として、「費用便益分析《ひようべんえきぶんせき》」が注目されています。

交通などの社会資本は、たいてい巨額の投資を必要とするわりには、政治的な要素で恣意的《しいてき》に決められることが多く、客観的な指標は明確ではありませんで

費用便益分析
鉄道の価値を評価する際に、鉄道事業者の単独の採算性（赤字・黒字）だけで評価するのでなく、鉄道が存在することによる地域への貢献を、経済価値で評価する考え方が広まってきた。詳しくはコラム②（六一ページ）参照。

した。しかし、かつてのような経済の高度成長も見込めず、限られた資源の中で有効な社会資本の整備をするために、政策評価を実施して、政策の透明性を高めるべきだという考え方が提唱されるようになりました。

交通の分野では、鉄道・空港・道路・港湾について、費用便益分析のマニュアルが提供されています。これらにはまだ精度の点などについて議論がありますが、ひとまず数量的な指針で、交通手段の比較ができるようになりました。

地方鉄道についても、鉄道を廃止してバスに代替するケース、鉄道を存続するケース、道路を整備するケースなど、複数の代替案を同じ基準で比較することが可能になりました。京福電鉄の存廃問題において、鉄道存続を決定的にしたのは、この費用便益分析でした。最近では島根県の一畑電鉄の存廃問題において、検討委員会が費用便益分析の結果をもとに「存続するべき」と提言しています。鉄道の廃止は、それだけ道路交通に利用者がシフトしますから、道路の渋滞が増大し、もともとマイカーを利用していた人にまで所要時間の増大をもたらします。

今まで多くの地方鉄道の存廃に関する検討の過程で、この費用便益分析が行われていませんでした。

一般に問題とされる「赤字」は、鉄道事業者にとっての価値判断の基準でしかありません。市民あるいは利用者にとっては、鉄道がもたらしている社会全体の便益、逆にいうなら、鉄道が廃止された場合に社会全体として増加してしまう費用こそが、価値判断の基準となるのです。

　鉄道を廃止してバス転換すると、事業者の赤字を減らすことはできても、所要時間や出費の増大、代替バスの本数削減や路線撤退により、もともとの利用者にとどまらず、地域全体の損失が、現在の鉄道の赤字額を大きく上回る可能性もあります。いいかえれば、赤字ローカル線も、社会全体では便益が費用を上回っていることが十分に考えられます。費用便益分析によって、そうした関係を客観的に評価することが可能になります。

交通に関する費用便益分析マニュアル

　鉄道については運輸省（現国土交通省）鉄道局監修『鉄道プロジェクトの費用対効果分析マニュアル二〇〇五』、空港については運輸省航空局監修『空港整備事業の費用対効果分析マニュアルVer．4』、道路については道路投資の評価に関する指針検討委員会編『道路投資の評価に関する指針』、港湾については港湾局関係公共事業評価手法研究委員会『港湾整備事業の費用対効果マニュアル』が使用されている。

コラム②

地方鉄道評価の新しい潮流

京都大学大学院教授　中川　大

鉄道は、利用者に対して便利で確実な輸送を提供している。環境負荷が小さく、安全性も高いといったことなども誰も否定することはないだろう。ところが鉄道の価値を評価するときに必ずしもこれらのことが適切に考慮されているとは言えない。「需要が少なく赤字が大きいから廃止する」というような説明が当たり前のようになっていることからみても、鉄道の評価は「需要」と「採算」を中心に語られてきたことがわかる。

しかし、近年それが大きく変化し、新しい考え方がとられるようになりつつある。「鉄道は地域に対してもたらされている便益によって評価されるべきである」という考え方である。需要や採算は鉄道事業者にとっての価値判断の基準であって、地域にとって重要なことは、儲かるかどうかではないはずである。利用者や地域社会全体に対してどのような便益がもたらされているのかということこそが重要であって、そのことを吟味《ぎんみ》せずに鉄道の価値を判断すれば、地域にとって必要なものを失ってしまうことにもなりかねない。

もちろん運営が赤字であればそれを誰かが負担して支えていかなければいけないのであるから、赤字路線を維持しようとすれば地域にとって負担が生じる。すなわち、地域は鉄道が存在することによって便益を受けるとともに、それを維持するために必要な負担をする必要があるということである。そうであれば、地域にとって検討すべき事項は、「鉄道によって地域にもたらされている便益が、それを維持するために必要な負担よりも大きいかどうか」ということである。「運賃収入が運行経費より大きいかどうか」という鉄道事業者の視点で見るのではなく、地域としての視点で見なければ地域にとっての適切な意思決定につながらない。

これまでこのような視点から分析を行った事例はそれほど多くはなく、存廃の議論などは採算の議論に終始してきた感があるが、その一つの原因は、便益を計算することは容易ではないと思われていたということもある。採算は最初から数値で表されているので比較的確実に計算できるが、便益を計算することは必ずしも容易ではない。しかし、だからといって便益を無視して良いということではない。近年、その便益の計算方法が次第に確立されつつある状況になっていることも背景となって、それを計算して評価していこうという考え方が広まりつつある。

交通施設によってもたらされる便益は、三つに分類して考えるとわかりやすい。まず、「利用者にもたらされる便益」である。所要時間が短縮される、快適性が向上する、安全性が向上するといったような便益がこれにあたる。次に、「事業者にもたらされる便益」がある。事業収入が増加するとか、運営費用が削減されるといった便益である。さらに、利用者でも事業者でもない「その他の主体にもたらされる便益」もある。例えば、環境負荷の低減や、自動車交通渋滞の軽減などである。これらの三つの種類の便益をすべて足し合わせたものが、社会全体の便益である。

したがって、鉄道の価値は、この社会全体の便益で評価されるのが当然である。採算性というのは「事業者にもたらされる便益」が正なのか、負なのかということであって、便益を構成する一つの重要な要素ではあるが、すべてではない。事業者の便益がマイナスであっても、利用者の便益やその他の主体の便益が大きければ、社会的にプラスになることは十分考えられる。実は地方鉄道の中にはこのような路線、すなわち「事業者にとっては魅力は小さいが、地域にとっての価値は大きい」と言える路線がたくさんあるのである。鉄道事業者が見捨てようとしている路線があったとしても、それがすなわち社会的に不要な路線ということではない。

近年は、そのような視点から実際に便益を計算した事例も増えている。表は、島根県の一畑電車がもたらしている便益をいくつかの代替的な交通手段と比べてみたものである。次ページの表のなかの電車とバスの比較に注目してみよう。

まず事業者の便益として収支採算性があげられている。電車でもバスでもマイナスになると予想されているがその額は電車の方が大きい。採算だけで考えるのであれば「電車をやめてバスに転換」という結論が簡単に出てしまうかもしれない。しかし、これでは利用者の側に発生している便益などを無視して評価していることになる。例えば、所要時間に関しては、バスの場合を基準として計算した場合、年間三億円程度の時間価値便益を持っていると試算されている。言い換えれば、電車をやめてバスに転換すれば三億円の時間価値損失が発生するということである。また、道路の混雑緩和効果も大きいことがわかる。電車がなくなれば自動車交通が増加して、道路の所要時間が延びるため、これまで自動車を利用していた人にも時間価値の損失が発生する。このようにそれぞれの便益を計算した結果、社会全体の便益は電車の方がずっと大きいということが示されている。

ただし、これらの数値が信頼できるものであるかどうかについては心配もあるだろう。計算結果だけを見せられても本当にそれだけの便益があるのかどうか一般にはわかりにくい。しかし、鉄道によってもたらされている便益が確かに小さくないことは簡単な計算によっても確かめられる。

例えば鉄道がなくなって、バスで通勤や通学をすることになれば、実質的な所要時間が延びることになる。バスの方が所要時間が大きいうえに時刻も不確実であることを考えると、少なくとも一〇分程度は早く家を出なければいけなくなるだろう。一回あたり一〇分の時間損失があれば、利用者が一〇〇〇人の鉄道であっても一日一万分の社会的な損失になる。年間約六万時間であり、労働の価値に換算すれば三〇人程度の年間労働時間に相当する。個人の年間所得を四〇〇万円程度と考えても軽く一億円を超える価値になる。一畑電鉄の場合は実際にはより精密な計算を行って求められた数値であるが、一日四〇〇〇人の利用があることを考えれば、数億円の時間価値便益があると計算されるのは当然であることがわかる。

富山県の万葉線や福井県のえちぜん鉄道などは、このような視点から分析を行った結果、存続することによる便益が、そのために必要な負担を上回るということを確かめたうえで、地域の手によって再生されることになった例である。鉄道が地域にとって価値のあるものかどうかを正確に吟味《ぎんみ》することが重要であって、そのような視点から議論されたところでは、鉄道の価値は小さくないということが明らかにされていっている。

鉄道がもたらす便益の計算事例——一畑電鉄（平成34年の予測値・単位100万円）

項目		電車	乗合バス	レールバス	ガイドウェイバス
利用者便益	所要時間短縮	303	0	303	152
	移動費用低減	31	0	31	0
事業者便益	収支採算性	-390	-59	-616	-619
その他の主体の便益	交通事故軽減	41	0	41	20
	CO_2排出削減	3	0	1	1
	道路混雑緩和	323	0	323	182
合計		311	-59	83	-264

便益はバスを基準として算出。従って、バスはゼロとなる。
収支採算性には、減価償却費負担を含む。

プロブレムQ&A

II 鉄道をめぐるお金の話

Q8 鉄道は道路よりもたくさんお金をかけていませんか？

一般的に、道路に比べて鉄道には多額の税金を投入しているのではないですか。特に新幹線の整備、建設などに莫大な費用をかけていませんか。

格差の大きい道路と鉄道の予算配分

一部の人しか使わない鉄道に多額の補助金が投入される一方で、多くの人が使う道路には、財源の投入が不足していると感じている人が多いようです。しかし、お金がかかっている、いないという比較は、提供されているサービスの質・量に対しての金額（単価）で考えることも必要です。

地方鉄道と地方道（県道・市町村道）について試算してみると、同じ輸送量（一人・km）あたり、地方鉄道の旅客には約一円、地方道を利用する乗用車には約九円が、一般財源から補助されています。ＪＲの地方交通線については、ＪＲの各会社ごとの収益の中で維持されていますから、税金は特に使われていません。つまり、受益者負担の分を除いて、純粋な外部からの補助としてみると、道路（自動車交通）のほうが、圧倒的にたくさんの税金（一般財源）で補助を受けていることになります。

道路と鉄道の投資額を比較してみると、二〇〇六年度について、国と地方の道路予算は約七兆六六〇〇億円です。また二〇〇五年より旧道路公団が民営化されましたが、債務返済機構（Q３参照）は独立行政法人であり、事実上は国の機関です。この分の高速道路事業費（一兆三一〇〇億円）と債務返済費（四兆七〇〇〇億円）を加えると、国全体では一三兆七七〇〇億円（二〇〇六年度）が道路投資とみなされます。

これに対して鉄道への投資額は、ＪＲ・民鉄などの各事業者による自主財源や融資を除くと、鉄道建設・運輸施設整備支援機構による助成が主となり、約二六〇〇億円（二〇〇六年度）の予算がありますが、その九割ほどは新幹線の関連なので、通常の鉄道や路面電車に使える額はごくわずかです。この他に、路面電車の整備に関する補助金や、二〇〇七年からは「地域公共交通の活性化及び再生に関する法律」による補助金が若干あるものの、それらを合わせても全体で一〇〇億円以下のレベルにとどまります。すなわち道路投資に対して、〇・一％前後の額にすぎません。

この数字からわかるように、地方鉄道に関してはここ何十年の間、ほとんど投資が行われてこなかったために、明治・大正・昭和の時代に蓄積したストックを細々と使ってきているのが実状です。そのために、鉄道が有している速達性・安全性・大量輸送といった優位性が発揮できなくなっています。

全国の鉄道の廃止要因は、施設の耐用年数が過ぎ、不況・少子化・規制緩和《きせいかんわ》にともなう競争政策強化の結果、鉄道事業者が内部補助を地方線区にまわせなくなったこと、さらに国に地方鉄道のレール・橋梁《きょうりょう》・トンネル・崩落危険個所《ほうらくきけんかしょ》の擁護壁《ようごへき》の更新に税金を投入する枠組みがないこと、災害復旧に十分な税金投入を行う枠組みがないこと、等々が大きな比重を占めています。

地方鉄道は、とくに投資額が大きくなる橋梁《きょうりょう》やトンネル、崩落《ほうらく》危険個所の擁護壁など更新の必要な老朽施設が多く、今後鉄道を維持するための大きな課題となっています。多くの地方鉄道の廃止問題は、単年度の収支として赤字であることよりも、ほとんどがインフラ部分の更新の見通しが立たないことに理由があります。

事業者にも負担する体力がない

上田電鉄別所線

一九二一年に「上田温泉電軌」として開業。長野県佐久地域に広大な路線網を有していたが、合併・社名変更を経て上田交通となる。二〇〇五年に鉄道部門を分社化して、現在は上田電鉄株式会社が別所線だけを鉄道インフラの更新に、税金を投入する枠組みがないことによって鉄道の廃止が検討された事例の一つに、長野県の「上田電鉄別所線《うえだでんてつべっしょせん》」という路線がありま す。北陸（長野）新幹線が停車する上田駅から、温泉地として有名な別所温泉までを結ぶ全長一一・六キロの鉄道です。

国土交通省は二〇〇三年、地方鉄道で基本的な安全設備にかかわる重大事故が続発したことを重視し、地方鉄道の安全管理体制の再強化と充実をはかるため、「施設等安全性緊急評価・対策事業」を行いました。上田電鉄別所線（二〇〇三年当時は上田交通。二〇〇五年より上田交通から鉄道部門を分社化し、上田電鉄株式会社となった）に存廃問題が浮上したのは、この国土交通省の設けた「安全対策強化」の新基準を満たすために、新たに約一五億円前後の資金が必要になり、上田交通が自治体に財政支援を求めたことに端を発します。安全は確保しなければなりませんが、国が要求する安全基準の達成に必要となる費用を、国が補助する制度ではすべてを賄うことができません。しかし、鉄道事業者も残りの費用を負担する力がないため、自治体の支援が必要となりますが、そのための沿線市町村の住民合意が困難と考えられたことから、存廃問題が浮上したのです。

この問題に対しては、「別所線電車存続期成同盟会」「別所線の存続を求める

運営。親会社の上田交通が東京急行電鉄の系列会社であるため、同社の中古車両を多く使用している。

安全対策強化

正しくは「施設等安全性緊急評価・対策事業」。地方鉄道の安全管理体制の再強化と充実をはかるための施策。

安全性緊急評価＝二〇〇二年度から三年間で五〇事業者を対象に実施（補助率＝国五分の二、地方公共団体五分の二）。

安全性緊急対策＝二〇〇三年度から四年間で安全確保を支援（補助率＝国五分の二、地方公共団体五分の二）。

いずれも事業者の負担は残りの五分の一。

（国土交通省ホームページより作成）

市民の会」「別所線の将来を考える会」などの市民団体が活動し、自治体と協働で合意形成に取り組んだ結果、自治体が費用を負担して鉄道を存続するという結論が導き出されました。しかし、現に、地域において機能し役割を果たしている鉄道が、国が新たに設けた安全対策制度のために、廃止という選択肢を選ばざるをえないという矛盾した状況を招いたことで論議を呼びました。

この事例を踏まえ、国土交通省では、地方鉄道問題に関する検討会を設け、地方鉄道の維持のあり方が検討されました。鉄道事業法改正後、JR初の廃止事例となった西日本旅客鉄道（JR西日本）可部線一部区間（広島県）においても、耐用年数を過ぎたトンネルや橋梁、崩落危険個所の擁護壁の更新を行う財源の枠組みが、国にも自治体にも用意されていないため、現実に鉄道の廃線につながりました。

一方で、旧国鉄の地方交通路線を引き継いだ第三セクター鉄道でも、廃止計画が続出しています。この種の路線では、旧国鉄から引き継ぐ際に経営安定化基金の交付を受け、本来、その運用で欠損を補う方針でした。ところが、バブル崩壊以後、長期にわたる低金利のためこの仕組みが機能しなくなり、資金繰りが困難になっているためです。不況と少子化による利用者の減少の影響もあって赤字

第三セクター鉄道

詳しくは一二六ページ参照。
旧国鉄や私鉄の赤字地方路線、整備新幹線の開業にともない、JRから分離された並行在来線区間を引き受けるために設立されたものを指すことが多い。

額が膨らみ、経営安定化基金を取り崩さなければならなくなり、もはやこれ以上持ちこたえることができないとして、廃止を打ち出すケースがほとんどです。

なぜこのような状況になるかというと、道路と鉄道の整備に税金を投入する制度に差があるためです。道路の整備については、地方交付税制度のうち普通交付税の対象となっています。一方、鉄道の維持・更新についてはその対象になっていませんでした。二〇〇八年一月に「地域公共交通の活性化および再生に関する法律」に「鉄道事業再構築事業」が盛り込まれ、自治体による起債が可能となったことから、鉄道の維持・更新にも地方交付税の適用の道が開けたものの、それ以前の存廃問題には間に合いませんでした。財政事情の厳しい自治体にとっては、比較的小さな投資額で済む鉄道の存続を選択するよりも、多くの費用がかかる道路整備を選択せざるをえないという、社会的に無駄を生む財政構造になっていたのです。

しかも、「皆がクルマに乗っている今日、鉄道に税金を投入するコンセンサスがない」という考え方も根強いのが現状です。戦後から今日まで、たしかに自動車は日本の経済発展を支え、豊かさを提供してきました。しかしこれからは、日本がかつて経験したことのない少子高齢社会を迎え、若年から高齢者まで、誰も

地方交付税（→Q10参照）

が安全で快適に移動できる交通基盤の整備が大きな課題となります。また、環境負荷も問題となっています。一方、社会資本整備の投資余力は失われつつあり、投資先、投資額について、慎重な選択が必要です。

　鉄道と道路は、ともに交通を担う社会インフラです。両者は競合関係にあると位置づけるよりも、共存し連携したほうが効率的です。現在道路に使われている税金のうち、若干を鉄道に振り分けるだけでも、鉄道は大いに活性化し再生することが可能です。国や自治体が、地方鉄道に適正な投資を続けることで、鉄道の利便性は増し、鉄道が本来の機能を発揮し十分な役割を担えば、道路整備の負担を軽減することも可能になります。

Q 9 鉄道も自前で財源を用意すればいいのではありませんか？

自動車の利用者から集めた税金（特定財源）を道路のために使うのは当然です。鉄道の財源は、乗客から集めた収益でつくるのが自然ではありませんか。

道路特定財源の考え方

税金に関しては常に公平性が議論になりますが、その基本的な考え方として、負担する能力に応じて負担する「所得再配分」の機能と、受ける利益に応じて負担する「受益者負担」という機能の二つの考え方が組み合わされています。また別の見方による分類では、集めた税金の使途を限定しない普通税と、使途を特定の分野の利用者（受益者）に限定する「目的税」に分類する考え方があります。

よく知られるように、揮発油税や自動車重量税など、自動車関連の諸税は道路特定財源に組み入れられ、直接的には道路の整備の費用として、また間接的に自動車交通の円滑《えんかつ》化を促進する用途（鉄道の立体交差など）に使われるようになっています。これは、自動車関係の諸税が、道路を利用する人が受ける利益に応じて負担する「受益者負担」であるとともに、その使途が道路の建設・維持に限られる「目的税」であると位置づけられていることになります。ただし実際の道路財源は、この道路特定財源のほかに、一般財源からの分も加わります。

道路特定財源の考え方は、既定の事実として広く認められているようですが、自動車利用者が自動車に乗れば乗るほど、自動車関係の諸税がそれに比例して集められて道路整備に回るので、ますます道路が作られ、さらに自動車の利用を促進するという循環作用を産み出しています。「自動車の利用者から集めた税金（特定財源）を道路のために使うのは当然」という意見がよく聞かれます。一見すると何の不思議もないようですが、あくまで現状の制度がそのように作られているからに過ぎません。たとえばドイツのように、自動車燃料に対する課税を、公共交通に回す制度を設けている国もあります。

負担と受益の乖離《かいり》

公平性や、受益者負担の考え方は、鉄道ではどうなっているのでしょうか。鉄道でも、一九五〇年代後半から、鉄道の整備を促進するための「開発利益の還元制度」という財源制度が検討されていました。

開発利益の還元制度

道路・建物・灌漑施設・港湾・鉄道・橋など、社会資本が整備されると、その地域の土地の価格が上昇して、土地の所有者や不動産事業者などに追加的な利益が生じる。その利益のなかから一定の割合を、投資を行った者（公共）に還元することを義務づけた制度。通常、譲渡所得税・固定資産税の増加のかたちで反映されるが、鉄道については同様に譲渡所得税・固定資産税にて回収のうえ鉄道事業者に還元をはかる仕組みが議論されていたものの、結局、実現には至らなかった。

鉄道が整備されたために、不動産価格が上昇して、所有者や不動産事業者が利益を得た分は、その鉄道を整備した事業者に、利益を一定の割合で還元するべきだという考え方です。つまり水道が引かれたのと同じように、鉄道の整備によって不動産の値上がりの利益を手に入れた受益者は、それに応じた負担をすべきだという制度です。しかしこの制度は実現しませんでした。

実現しなかった理由として、「開発指導要綱」の導入が原因であるとする見解もあります。一九六〇年代後半からの高度成長の時期、国内の多くの地域で、宅地開発などの大プロジェクトが繰り広げられていました。一方で、開発とともに学校、道路、水道など公共施設の整備が必要になりますが、わが国では、こうした開発に伴って必要となる公的な費用の負担について、誰がそれを負担するかというルールが整っていませんでした。

一九六七年に兵庫県川西市が、市内で住宅団地を造成する事業者に対して、学校や道路などの整備費用の負担を義務とした「開発指導要綱」を導入しました。続いて横浜市が、これに罰則規定を追加して強制力を持たせ、同様の仕組みが全国に広まり定着しました。公共施設の負担に苦しんでいた自治体は次々にこの制度を導入し、開発指導要綱が定着しました。これも受益者負担の一つの側面ですが、全体の議論がこの方向に集中し、鉄道に関する開発利益の還元制度の問題が埋没してしまう結果を招きました。

その後、一九八九年に、「土地基本法」および「大都市地域における宅地開発および鉄道整備の一体的推進に関する特別措置法」（宅鉄法）が制定されています。ここで再度、鉄道に関する開発利益の還元という考え方を盛り込むべきであるという議論が浮上しました。その結果、開発協力金やニュータウン鉄道整備事業費補助制度、また宅地開発と鉄道整備を複合的に行なう事業者を対象にした、開発者負担や支援措置など、部分的な改善は実現しました。しかし開発利益の還元の明確な制度化は実現せず、現在に至っています。

地域で鉄道を支える

鉄道建設によって不動産価格が上昇すれば、市町村の固定資産税収入や国の譲渡所得税も増えることになります。これは、あたかも市町村がみずから水道を引いたことにより不動産価格が上昇して税収が増加したことと同じ関係であるにもかかわらず、鉄道事業者に利益が還元されないという状態が現在も続いています。このため鉄道事業者は、みずからのビジネスとしては鉄道整備を積極的に行

宅鉄法

一九八九（平成元）年、東京都の秋葉原と茨城県のつくば市を結ぶ常磐新線の建設構想が契機となって制定された。当時、地価の上昇により、従来の制度下では大都市圏における鉄道新線の用地取得・建設は困難となっており、常磐新線の建設のためには鉄道の整備に連動する何らかの新しい制度が必要とされた。そこで、沿線となる地域で地方公共団体等が土地区画整理事業を行い、事業区域内で一定割合の土地を購入することによって、鉄道用地として必要な場所・地型に交換できる制度が新たに盛り込まれた。首都圏、関西圏、中京圏が対象。

う動機が乏しくなっています。

現在も、鉄道の整備を促進する財源措置がないわけではありません。鉄道新設にかかわる鉄道敷地・施設に対する固定資産の減免制度、および、「特定都市鉄道整備積立金制度」などがあります。ただし「特定都市鉄道整備積立金制度」にしても、工事費用の二分の一を上限に、最長一〇年間、運賃を一〇パーセント以内の範囲で割増をした利益の増加分が非課税となるだけです。

鉄道事業者は、ＪＲ・民鉄とも採算性が求められています。地域住民の利益のためであるからといって、鉄道事業者に、投資に見合った利益が期待できない負担を要求することは無理があります。そもそも国全体の交通体系に対する財源構成を改革する必要があることはもちろんですが、現時点では、行政と住民が、鉄道が地域にもたらしている便益を認識し、事業者の協力も得ながら鉄道を支えてゆくことが重要です。

特定都市鉄道整備積立金制度

将来にわたる輸送力増強工事の資金に充てるために、運賃収入の一部を非課税で積立てることができる制度。「先取り運賃」と通称されることもある。

Q10 鉄道を選択するための財政的方策はありますか？

道路整備は地方交付税の対象ですが、鉄道は対象となっていません。自治体の財政事情が厳しいなかで、鉄道存続の選択を可能にする方法はありますか。

現状で地方が可能な選択

道路整備の予算はいくつかのパターンがあります。主に国のお金で道路整備を実施するのが「直轄《ちょっかつ》事業《じぎょう》」ですが、国道でも自治体が負担する場合があります。国が一定の比率で補助金を出し、自治体が不足分を出すのが「補助事業」で、「割勘《わりかん》方式」と通称されることがあります。全額自治体のお金で実施するのが「地方単独事業」です。

国は、主に道路特別会計から補助金を地方自治体に出します。自治体がお金を出す場合、最大七〇％は地方債の起債によって賄うことが認められていますので、自治体は、地方債を発行して道路を整備します。地方債は要するに借金なので、元利を返済しなければなりませんが、この地方債の返済元利金の三〇～五五

地方交付税

地方公共団体の財源の強化と行政サービスの均衡をはかるため、国が所得税、法人税、消費税、酒税、たばこ税のうち一定割合（二五％～三二％）を交付する税で、使途制限のない一般財源である。

%を、後年度の地方交付税基準財政需要額《きじゅんざいせいじゅようがく》に繰り入れることで、国から地方交付税の支給を受けることができます。つまり、返済金元利金のこの部分を国が補助してくれるのです。

「地域公共交通の活性化及び再生に関する法律」ができるまで、道路と鉄道を比べると、公費の投入に際して、制度上、大きく異なっている点がありました。道路は地方交付税の基準財政需要額の算入対象になっているのに対して、鉄道は算入対象になっていなかった、ということです。

鉄道の場合は、整備してもそれを基準財政需要額に算入することが認められていなかったため、地方自治体は鉄道の整備・再生ではなく、道路の整備を選択する方向に誘導《ゆうどう》されるかたちとなっていました。これは実は重大な問題でした。

鉄道整備に対する財政上の制約は、鉄道が主に民間事業者のため、これに直接税金を投入することが制度的に制約されることも関係しています。

これに対して、行政の資本が大部分を占める第三セクターや、後述する上下分離方式は、公共投資の対象になる可能性もあります。日本の鉄道では、事業者がみずから線路を建設し、その線路を保有し、列車の運行も行っているのが一般的です。それに対して、上下分離方式は、鉄道事業者の費用負担を軽くし、安全

基準財政需要額
各自治体が、その規模や状況などから標準的と判断される行政サービスを実施するために必要となる額の経費。「地方交付税法」で計算方式が決められている。

性と快適性に対する投資をうながすため、鉄道施設を行政に、運営を民間に分割しようというものです。この方式はスウェーデンやドイツ、イギリスなどで鉄道事業に一九八〇年代から採用され、近年、日本でも採用される事例が出始めました。

二〇〇七年度にできた「地域公共交通の活性化及び再生に関する法律」では、この法律に基づいて地方自治体が実施する事業に対して、自治体による起債が認められ、さらに、これまで認められていなかった軌道事業の上下分離も認められました。また、鉄道・軌道の施設を自治体が保有し、公有民営型の上下分離とする場合、その「下」の部分の費用を地方交付税の対象としました。これは、地方がそれぞれの事情によって、鉄道、道路のいずれを整備対象とするかを選択する際に、鉄道の存続・再生が一つの選択肢となる可能性が高まったことを示しています。そのような意味で、これは大きな制度の転換といってもよいでしょう。

上下分離方式（↓Q11参照）

コラム③

鉄道と道路に対する国と地方の財源について

熊本学園大学　香川正俊

二〇〇四年度予算概算要求時における「国土交通省道路投資財源構成」によると、総投資額約一一兆円にのぼる道路整備の財源は、道路整備に使途が限定される道路特定財源が約五〇・一％（国三〇・一％、地方二〇％）、国の一般財源が約二・三％および地方の一般財源が三三・三％並びに財政投融資等が約一四・三％となっており、道路整備は税金である道路特定財源と地方の一般財源に大きく依存している。

道路特定財源は国の財源となる揮発油税、地方の財源となる地方道路税と自動車取得税及び軽油取引税、国と地方の財源に分割する石油ガス税・自動車重量税の六税からなり、受益者負担原則の下、自動車利用者が負担し、全額が道路整備に充当される。ちなみに国土交通省道路局の試算では、二〇〇四年度の道路特定財源諸税収は約五・七兆円と見込まれる。

鉄道整備の財源も受益者負担を原則とし、基本的に鉄道利用者が負担し、運賃・料金の一部として徴収される。ただし、道路整備が特定財源を持つのに対し、鉄道の場合は原則的に事業者負担で整備がなされるため、利用者が少なければ安全にかかわる不可欠な整備等も危うくなる。なお、基本的に税金投入を考慮しない理由について国土交通省は、鉄道管理者の多くが民間事業者という事情によると説明している。

ともあれ、鉄道整備関係の本来的な財源としては、増資や内部留保金等の事業者自己資金、銀行融資、社債および転換社債等の民間借入金並びに鉄道債券（国鉄分割民営化と相まって行われた赤字ローカル線を廃止する「特定地方交通線対策」を通して誕生した第三セクター鉄道の場合は、沿線市町村の経営安定基金があるが、運用益がほぼ見込めず、取り崩しによる資金の枯渇も相当出ている）等に限られる。しかし、鉄道施設の整備には巨額の資金が必要で、かつ公共性の確保要求も強いため、自己資金等に加え地方負担を前提とした最低限の補助金が国の一般財源から捻出《ねんしゅつ》される。特に地方中小鉄道は資金確保が非常に困難であり、一般財源から支出される国と地方の補助金に相当程度依存せざるを得ない。

地方中小鉄道に対する主要な各種補助金と二〇〇二年度にお

ける補助金決定額は、鉄道軌道近代化設備整備費補助（二四・八億円）、地方鉄道新線開業費補助（ゼロ）、同運営費補助（一・六億円）、踏切保安設備整備費補助（二・五億円）、鉄道災害復旧費補助（〇・七億円）の合計二九・六億円で、道路整備に費やす一般財源のわずか〇・〇七五％に過ぎず、義務的負担金に当たる法律補助は踏切保安設備整備費補助と鉄道災害復旧費補助のみであり、補助額（率）・補助対象または制度的にもさまざまな問題がある。道路整備の豊富な財源に対する鉄道整備財源の脆弱《ぜいじゃく》さが「鉄道に対する財源はない」といわれる所以《ゆえん》にほかならない。

そのうえ、これらの補助金は、開業費補助を除き地方が五分の一〜三分の一を負担するという条件で支出されるものであり、地方の財政事情を一層圧迫する一因にもなっているのである。

近年、第三セクター鉄道を含む地方中小鉄道存続のため、インフラ施設を公的部門が所有し、経営責任を会社が負う「上下分離方式」が話題になっており、一部実現したが、ヨーロッパ諸国と異なって我が国では国が関与しておらず、今後の責任が問われる。

ただし、新幹線鉄道整備事業に関しては、二〇〇四年度も公共事業関係費六八六億円、鉄道建設・運輸施設整備支援機構建設勘定繰入金（既設新幹線譲渡収入相当分）七二四億円、地方公共団体負担金七〇五億円、合計二一一五億円という飛び抜けた財源が計上されている。

国は二〇〇二年一二月の閣議において、国土交通省が各分野に策定・実施する九件の長期計画などを一本化し、「社会資本整備事業を重点的、効果的かつ効率的に推進する」などとし、〇三年度を初年度とする関連法案の国会上程を決定、同年一月開会の第一五六回国会で社会資本整備重点計画法と社会資本整備重点計画法の施行にともなう関係法律の整備等に関する法律を成立させた。これらの法律は本来、道路、港湾、空港、鉄道など一三の社会資本整備事業を整理し、重点分野に予算を傾斜配分する実施体制の確立を目指すはずであったが、実際は道路事業を続ける仕組みが維持され、道路特定財源を充てた五年間の総事業量も定められた。

高速道路の整備もまた、九三四二キロの高速道路整備計画を前提とした道路四公団「民営化」と、道路特定財源を投入する「新直轄方式」の導入によって、ほとんど支障なく継続されそうである。

現状において地域住民の足のみならず地域振興上も一般乗合バスや鉄道が不可欠となる場合が多く、環境問題も重視される現在、無駄な道路整備を抜本的に見直し、鉄道の維持・整備等の財源に振り向けることが緊急の課題となっている。（二〇〇四年執筆）

高千穂鉄道被災の状況（高千穂町提供）

コラム④

国鉄の分割民営とローカル線

鉄道まちづくり会議

Q2で述べたように、国鉄の民営化にあたって、できるだけ不採算部門を整理しておくという趣旨のもとに、かつてない規模で、ローカル線の分離が実施された。

旧国鉄は、一九六四年すなわち東京オリンピックの年に、東海道新幹線を開業した。すでにモータリゼーションが進展していた中で、時代錯誤的なプロジェクトとの批判も受けたが、結果として、古今東西類を見ないと評価されるほど、経営的に好成績を収めた。しかしその前後から国鉄全体は赤字になった。

日本全体としては経済の高度成長期であり、国鉄はまだ設備投資を求められていたが、自動車輸送の増加も著しく、後年、特に貨物関係の投資は過剰投資と批判されることになる。一九六九年には、第一次国鉄再建計画が策定され、この中で八三路線・合計二六〇〇㎞のローカル線の廃止が提案されたが、沿線自治体や議員の抵抗に遭い、実際には一一路線・一二〇㎞の廃止にとどまった。

その後、第二次、第三次の国鉄再建計画も策定され、そのつど赤字ローカル線の廃止計画が盛り込まれたが、いずれも計画通りの廃止が実施できなかった。一九八〇年になり、国鉄再建の最後の機会とされる国鉄再建法案が、閣議の了承を経て国会で成立した。この計画の目標を達成できない場合、残る選択肢は民営化しかないという前提を含んだ法案であった。

この再建法の中で、赤字ローカル線に関連する事項として、廃止対象となる赤字ローカル線の選定を政令に委ねることで、少なくとも手続き的には、国会の関与なしに、行政の裁量で定めるようにしたという重要なポイントがある。そもそも「ローカル線」というのは通称であって、法律的な定義はなかった。再建法では「特定地方交通線」という名称が用いられ、特定地方交通線に該当する基準を、政令で定めるようにしたものである。もっともその基準は、「年間何億円以上の赤字」とか、「営業収支率（経費に対する収入）が何％以下」といった経営指標ではなく、輸送量など路線のパフォーマンスによって定められることになった。

もう一つの特徴として、沿線自治体と国鉄で組織する法定の協議会の設置が規定されているが、その協議により合意が得られないときでも、一定期間後にバス転換を決定できるという、通称「見切り発車」条項が含められた。当然ながら、これは自治体関係者から抵抗を受け、当初案の見切り期間が一年であったところを、二年に延長するなどの緩和もあったものの、全体として、政治的な抵抗を排して、廃止を実行するという強い意図を含んだ法律であった。

　ローカル線の廃止に抵抗したのは、沿線自治体や住民だけでなく、自治省・通産省・文部省・国土庁・北海道開発庁（いずれも当時）などからも強い抵抗があった。受け皿となる第三セクターを設立する財政的な負担に耐えられない（自治省）、産炭地の振興に支障がある（通産省）、生徒の通学に支障がある（文部省）、定住圏構想に反する（国土庁）などの理由が挙げられた。

　このように、自治体関連団体の抵抗、省庁間の駆け引きなど、紆余曲折《うよきよくせつ》を経て、いくつかの緩和条項を設けて、最終的に特定地方交通線の基準が次のように定められた。

　まず、分離せず国鉄が維持すべき地方交通路線として

①旅客輸送密度（注）が四〇〇〇人以上八〇〇〇人未満の路線

②バス事業による輸送が適当でない路線

具体的には（ア）一区間一方向で、一時間あたりの最大旅客輸送人員が一〇〇〇人以上の路線、（イ）代替輸送道路がない路線、（ウ）代替輸送道路につき、積雪等のため、年平均一〇日を越えて、バス事業による輸送の用に供することが困難となる路線、（エ）旅客一人当たりの平均乗車距離が三〇kmを越え、かつ旅客輸送密度が一〇〇〇人以上である路線である。

　一方、国鉄が維持せずバス事業に転換すべき路線、すなわち特定地方交通線に該当する条件は、次のように決められた。

①第一次特定地方交通線

（ア）旅客営業キロが三〇km以下で、旅客輸送密度が二〇〇〇人未満の路線（ただし、行きどまり線でないもの及び石炭を相当量輸送しているものを除く）

（イ）旅客営業キロが五〇km以下で、旅客輸送密度が五〇〇人未満の路線

②第二次特定地方交通線

旅客輸送密度が二〇〇〇人未満で第一次特定地方交通線以外の路線

③第三次特定地方交通線

旅客輸送密度が二〇〇〇人以上で四〇〇〇人未満の路線

このように一定の緩和条項が設けられ、三段階の先延ばしになったが、特に対象線が集中した北海道と九州では、多くの鉄道路線が実際に廃止される結果となった。それまで、国土の地形とほとんど同じように輪郭《りんかく》を描いていた鉄道地図は、大きく崩れることになり、鉄道が廃止された沿線の住民の暮らしにも多大な影響が生じる結果になった。

なお欧州の鉄道では、幹線系でも、都市交通でも、平均の輸送密度は五〇〇〇人前後であり、日本の基準では欧州の全域が「ローカル線」に該当することになる。大都市のような詰め込み輸送でないかぎり、鉄道事業として成り立たないという評価では、日本の鉄道ネットワークは、いずれ二八ページの図に示した状態になる。環境や福祉のために鉄道を活用することもできない。先人の築いた貴重な資産を未来に受け継ぐ方策を考えなければならないのである。

（注）「輸送密度」は、ある路線で一日・一kmあたりに通過する旅客数。たとえば延長一〇kmの区間を日に五〇〇〇人（往復）が利用すれば、輸送密度は五〇〇人となる。

ワンマン運転されるローカル線（ＪＲ越美北線）

Q11 鉄道かクルマかは、自由競争の結果として選ばれたのでは？

鉄道もふつうの企業と同じ事業です。交通の分野でも、競争の結果として鉄道が廃止されても仕方ないのではありませんか。

鉄道はインフラが事業者の負担

規制緩和の流れのなかで、鉄道事業法が二〇〇〇年に改正され鉄道事業の参入と撤退がこれまでより容易になりました。法律の改正後、撤退が続出しているのに引き換え、新規参入《しんきさんにゅう》は、都市部の第三セクターや空港へのアクセス鉄道、撤退路線の引き受けなど数件にとどまっています。鉄道への新規参入が少ないのは、巨額のインフラ投資が必要であるにもかかわらず、すべて自前でつくらなければならないからです。

自動車の利用者は、税金や有料道路料金を通じて、道路の整備費用を間接的に負担していますが、それはかかっている費用の一部であり、Q8のように、一般財源からも補助を受けています。社会的な便益の実現において、鉄道と道路は同じ役割をもちながら、鉄道事業者は鉄道敷やレール、施設など、すべて自前で整備・保有・維持し、採算性を求められ、そのうえ鉄道敷や構築物に固定資産税の負担を義務づけられています。

鉄道が軽視され、道路が重視されるのは、競争原理のもとで自然に選ばれた結果なのでしょうか。決してそうではありません。本来、競争政策を進めるのであれば、鉄道においても公正に競争できる環境が前提としてあるべきで、まずは競争の条件を整える必要があります。それには鉄道に原則として「上下分離」を採用して、「下」は行政の分担にすることです。そこまで変えなければ、競争という考え方を鉄道に適用することはできないはずです。

採算の基準を変える上下分離方式

地方鉄道の存続・支援の仕組みとして、最近「上下分離」の考え方が注目されるようになりました。これは、「下」（トンネル・橋梁・レール部分など）を道路と同じように行政が整備・保有・維持し、「上」（車両の保有や運行など）を鉄道事業者が責任をもつという考え方です。場合によっては、保線も運行業者が担当することもあります。この方法は、鉄道事業者の資本費の負担を軽減するとともにに、地域の鉄道の社会的便益に応じ行政も鉄道のコストの一部を分担するもので、各地で採用する動きが出ています。

上下分離方式はこれまでに、東北新幹線青森県内区間の並行在来線を転換した「青い森鉄道」（下＝土地・インフラ）や、近鉄養老線を分社化した「養老鉄道」（下＝土地・インフラ・車両）、南海電鉄貴志川線を継承した「和歌山電鐵」（下＝土地のみ）などで採用されています。

二〇〇七（平成一九）年には「地域交通の活性化及び再生に関する法律」が成立し、そのなかで新たに軌道事業への上下分離制度の導入が認められました。これを受けて、富山市では、富山地方鉄道富山市内線を環状化延伸する際、上下分離制度の導入を決めています。このほか、富山県の「万葉線」や福井県の「えちぜん鉄道」、島根県の「一畑電鉄」では、鉄道事業者が施設を保有したまま、設備投資は県や沿線自治体が分担するという費

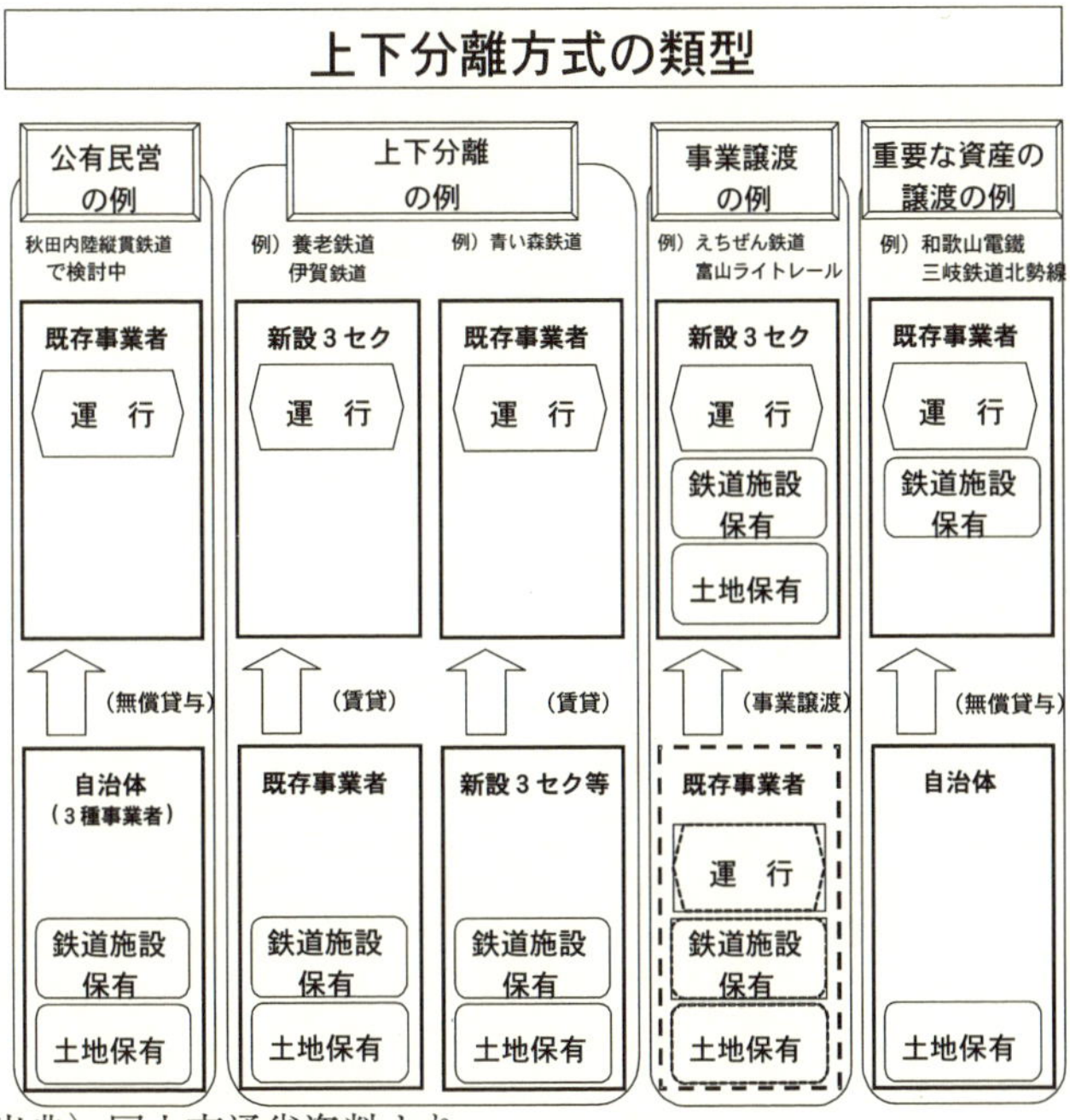

出典）国土交通省資料より

用分担上の上下分離方式をとっているケースもあります。

上下分離方式が採用されると、沿線自治体としては固定資産税の減収につながることになります。しかしそれによって、鉄道事業者の負担するコストが引き下げられ、地方の鉄道の維持制度が、道路と対等となるよう見直しになるのであれば、社会全体として歓迎すべき動きと考えてよいでしょう。

鉄道はこれまで、公共交通と位置づけられながら、運賃の許可制など、数々の規制を受けてきました。鉄道への補助制度は、先に述べたようにその位置づけに見合うものではなく、実際は、長年にわたって道路を優遇する交通政策によって不利な条件を押し付けられてきました。ここにきて、ようやくその是正の動きがみられるようになったといえます。

Q12 特定の人しか使わない鉄道に、国の税金を投入するのは不公平では?

地方鉄道の利用者は、沿線の一部の人に限られています。そのような鉄道に、一般の人々から集めた税金を投入するのは不公平ではありませんか。

効果と評価

地方鉄道は、新幹線やＪＲの幹線と異なり、利用する人も特定の地域に居住している人に限られると一般に考えられています。このような鉄道に、税金を投入し整備することは不公平だという意見もきかれますが、果たしてそうなのでしょうか。

もしそのような評価をするなら、地方の道路もいらないことになります。地方の道路であっても、通常は最低でも二車線で作られるので、大都市で同じ規格の道路を作るのと比べて、用地費を除くと費用は同じか、むしろ地形の関係で橋やトンネルが多くなりがちなので割高になります。しかし、日に数万台の自動車が通行する大都市の道路と比べて、数十台しか通行しない農山村の道路は必要ないという主張に説得力があるでしょうか。

自治体の公共事業は、先に述べたように、国からの補助金や地方交付税の交付を受けて行われる場合が多く、道路の整備事業も同様です。当然、特定の地域の人しか利用しない道路にも、税金が投入されます。

一方で、存廃問題の起きた鉄道は、特定の人しか利用しないように見えても、その地域に及ぼしている効果は少なくありません。前述のように福井県における京福電鉄の越前本線・三国芦原線の存廃問題においては、道路の渋滞についての議論が焦点の一つになりました。京福電鉄は運行が停止された前年の二〇〇〇年当時、福井県内で一日八三〇〇人の輸送を担っていました。そのため、事故を起こして運行が止まり、沿線が一夜にして鉄道のない地域に変ったとき、沿線の幹線道路は、通勤時間帯に深刻な渋滞に陥りました。この経験によって、鉄道の価値が具体的に認識され、存続という結論に至りました。

同じく近鉄北勢線の存廃問題でも、争点は、道路の渋滞でした。近鉄北勢線は、存廃問題が起きた二〇〇〇年当時、一日七〇〇〇人を輸送しており、同線と並行する二本の幹線道路の交通量がすでに飽和状態に達していたため、地域における鉄道の価値を再評価する動きが起こりました。

鉄道を廃止するかわりに、道路を整備して渋滞を解消させればよいという考え方もあるでしょう。しかし、実際に試算してみると、鉄道の存続よりも圧倒的に多額の費用がかかる場合がほとんどです。鉄道を再整備することで、市民の税負担が避けられることを認識する必要があります。

近年、「財政改革」を掲げて財政が縮小され、国から地方へ交付される地方交付税や補助金などは削減されています。こうした動きとは逆行して、投資額の小さな鉄道への税金投入よりも、国の補助が得られやすいために、投資額が大きいにもかかわらず、道路整備の選択が今もって行われています。これでは財政改革にならないのではないでしょうか。

地域と地域の間の問題ではない

地域の鉄道への税金投入は、とかく否定されがちです。地域の鉄道への投資をめぐって、「地域エゴ」という言葉が使われることもあります。「あちらに税金を使わないで、こちらに税金を使え」と、地域どうしで感情的な対立構造に陥っている場合が少なくありません。他の地域での税金投入を批判しながら、自分たちの地域には同種の事業に税金投入を求めるなど、合理性のある議論とは思われ

三位一体の行財政改革

小泉政権下で行われた施策。補助金改革・地方交付税改革・税源移譲の三つの要素からなる。地方の補助金依存体質を改め、財政の膨張を抑えることを目的としている。地方交付税については、本来の機能である自治体間の調整（財政力の差による行政サービスの不公平の防止など）を中心に見直すが、補助金と地方交付税は全体としては削減になる。同時に国から地方への税源移譲を行い、これらを一体的に行うことによって受益と負担の関係を明確にしてコスト意識を喚起し、地方自治体の財政責任の確立を図るもの。しかし税源委譲や権限の自由度をめぐっては課題を残しているとの指摘もみられる。

ないケースもみられます。

本来、必要な議論は感情的な議論ではなく、税金の使い方に関する根本的な議論です。既存の鉄道網を活用して交通体系を構築するのに必要な費用と、鉄道網を廃棄し高速道路と高規格道路によって交通体系を構築するのに必要な費用とを比べ、どのような税金の使い方がより大きな成果をあげられるのか、客観性のある評価がのぞまれます。

Q13 一民間企業の鉄道会社になぜ税金を投入するのですか?

鉄道事業者が民間企業である場合、赤字だからといって、税金を投入する根拠はあるのでしょうか。赤字は企業の責任ではないのですか。

鉄道が公共財だからか?

現実の問題として、鉄道の経営形態や、公的補助のあり方は、これまでの歴史から多くのパターンが混在しています。一方で利用者からみると、鉄道の経営形態や、公的補助のあり方が何であれ、利用する目的や利用の方法はほとんど変わらず、生活のために必要な交通のニーズは、全国どこでも同じようなものです。ある鉄道事業者の経営が行き詰まって、事業の継続がむずかしくなった場合、何らかの名目で国あるいは自治体が、税金による補助を実際に行っていますが、その根拠として一般的に挙げられるのは、鉄道は公共財あるいは社会資本であるからという考え方です。

ところが、公共財や社会資本の定義そのものについて、専門家の間でも必ずしも統一した見解がなく、まして「鉄道が公共財、あるいは社会資本に相当するのか」という点になると、ますます見解が分かれています。このため解釈は論者によって異なり、恣意的《しいてき》に歪《ゆが》められた評価も少なくありません。

たとえば、ある論者が、地方鉄道を狭義の採算性だけで評価して、公的支援による維持を「無駄づかい」と非難しながら、同じ人物が別の論稿では、高速道路の外部効果や長期的効果を強調し、赤字高速道路の建設を正当化するといった例も珍しくありません。

鉄道存続の議論では、こうした混乱に巻き込まれないように注意し、あくまで人々と社会にとって、鉄道がどのような意義を持つかを考えて、そのための費用を、誰がどのように負担するかという順序で考えることが必要です。前述の費用便益分析は、その評価の客観性を高めるのに有用なツールです。

現在の状態で判断するのではなく、将来の価値も考える

鉄道は、高速性、大量輸送性、安全性、定時性、環境負荷の低さなど、都市と環境にかかわるいろいろな問題を軽減する可能性を持っています。しかしながら、現在の地方の鉄道を、本来の特性や、公共交通のあり方、利便性などの視点

でみると、スピードが遅い、運賃が割高、終電時間が早いなど、利用の低迷につながっている多くの要因が浮かび上がってきます。言い換えれば、適切な投資を行うことによって利用者増をはかれる策がたくさんあるということです。

鉄道の存続問題がおきたとき、地域にとっての鉄道の要不要は、その時点の鉄道の価値、つまり不十分なサービスしか提供されていない状態で判断するのではなく、行政が関与し必要な設備投資を行うことで引き出される、本来の可能性やサービス、地域貢献《ちいきこうけん》など、将来価値までを考えたうえで判断することが必要です。

地域住民に対して鉄道の将来の価値を提示することはきわめて重要です。現時点では、必要な投資が行われていないのですから、住民にその価値が認識されにくいのはごく当然のことで、現在価値だけで論じると、それだけの価値で取り扱われ方が決められてしまいます。そこで行政が関与し、地域の可能性を高めるという観点から鉄道への公共投資を前提に、新しい枠組みと鉄道の将来の価値をはっきり示すことで、住民ははじめて鉄道の有用性をイメージすることができます。

富山県の「万葉線」の存続運動を展開した市民団体「路面電車と都市の未来を

RACDA高岡

旧加越能鉄道（現在の万葉線）の廃止問題が起こった際に、地域の交通を考える市民団体として、行政と市民の協働によって設立された団体。詳しくはQ16参照。連絡先 〇七六六－二四－二七八〇（島）

考える会・高岡」（RACDA《ラクダ》高岡）は、路面電車の必要性を説明するなかで、この部分を特に万葉線再生計画案として強調しました。将来価値の提示は、福井県の「えちぜん鉄道」のなかでも行われました。それぞれの再生案は、鉄道の魅力を引き出すとともに、マイカーに依存した既存の交通体系をあらため、公共交通と地域の機能を高めていこうとするものです。公共交通を充実させることが、まちの快適性を高めるとともに、結果としてまちの発展につながるということを、住民にわかりやすく伝えていくことが重要です。

Q14 第三セクターにすると赤字になりませんか？

鉄道の事業体として第三セクターが提案されることがありますが、第三セクターは放漫経営を招くと批判されています。なぜ第三セクターを採用するのですか。

第三セクターへの誤解

鉄道の存続を検討するにあたって、運営の受け皿となる第三セクター方式が、バブル崩壊後に噴出《ふんしゅつ》した経営破綻《はたん》や赤字の報道により、放漫経営《ほうまんけいえい》を招きやすい企業形態として広く認識されてしまったため、それが鉄道存続の大きな障害になる場合があります。この点についてまず考えてみましょう。

第三セクターという企業形態は、本来、公営とするような公共性の高い分野において、民間のもつ効率的な経営手法を用い、公営の場合より収支をよくする仕組みです。そのため、利潤を追求する場合だけでなく、公共サービス提供のコストを下げることが主な目的として採用される場合もあります。その場合は、毎年計画内の税金による補填《ほてん》を行って運営しますが、これは公共施設の運営経費にあたります。これは公共財としての鉄道が本来もっている性質で、第三セクターであるとないとにかかわらず、行政による補塡は、鉄道が低コストで供給する質の高い公共サービスと公共貢献《こうけん》（外部効果）を、行政が買い上げる仕組みといえます。

毎年の計画内の運行経費補塡は、地方の大規模リゾート施設の経営破綻処理とは異なると認識すべきでしょう。問題となった事例では公共性、市場設定、立地などの点において、第三セクターという企業形態を選択したことや事業化への判断も、不適切であったという評価が今では一般的です。加えて、官と民との間で経営責任の所在を当初から明確にしないまま運営されたため、的確な経営判断ができなかったという面もあります。また、第三セクターの仕組みとして有効な民間経営者による効率的経営が導入されず、経営ノウハウの乏しい官僚に委ねられることが多かったなど、数多くの反省点を残しました。

今後は、こうした過去の反省を踏まえて、民間の優れた経営者を招き、経営責任の所在を明確にし、第三セクター本来のメリットを活かす経営主体をつくりあげ、可能な限りの効率的な経営を行うことが成功のポイントとなります。

第三セクター鉄道のなかでも、健闘しているところがあります。「北越急行」

北越急行株式会社

一九八三年に設立。新潟県の「ほくほく線」を運営。〇七年の経常利益額は一二億八二二八万円。上越新幹線と接続し首都圏と北陸方面を結ぶ特急が多数走っている。

智頭急行株式会社

一九八六年に設立。鳥取・兵庫・岡山にまたがる鉄道を運営する会社で、本社は鳥取県鳥取市。〇七年の経常利益額は五億八六五四万円。山陽と山陰を短絡し、京阪神圏と山陰を結ぶ特急が多数走っている。

国鉄特定地方交通線

一九八〇（昭和五五）年に成立した日本国有鉄道経営再建促進特別措置法（国鉄再建法）によって、バスへの転換が適当として国鉄が選定し、や「智頭《ちず》急行」などは、かつての国鉄特定地方交通線・工事休止線で、廃止予定線でしたが、第三セクター鉄道として発足すると同時に、高速化・列車増発・駅新設など需要を喚起《かんき》する輸送とサービスの改善を行い、利用者増に結びつけたことが成功の要因となりました。また、福岡県の「甘木鉄道」や、長崎県・佐賀県の「松浦鉄道」は発足と同時に駅の移設や増設など、需要を呼び起こすサービスの改善を行うことで利用者増に結びつけています。

地域が一体となって支える

近年、行政が税金を投入し運営していくうえで、上下分離方式とともに、第三セクターも見直されつつあります。存廃問題で揺れていた富山県の加越能鉄道万葉線、福井県の京福電鉄越前本線・三国芦原線は、第三セクターに引き継がれて存続しています。存続までの争点は、毎年行政による計画内の赤字補塡を前提とする鉄道経営を受け入れるかどうかというものでした。議論の結果、最終的に市町村が毎年計画内の運行経費補塡を行うことを決め、それが決め手となって県が存続を決定し、民間のすぐれた経営者を招いています。

もうひとつ「決め手」となったのは、鉄道の存続に市民が参画《さんかく》したことです。

八一年に運輸大臣に承認された第一次転換予定線と、八四年に承認された第二次転換予定線、八五年に承認された第三次転換予定線からなる。九〇年までに、全八三線のうち、四五線がバス化し、三八線が第三セクター方式または民営にて鉄道存続となり、処理を終えた（コラム④八四ページ参照）。

工事休止線

一九八〇年の国鉄再建法成立によって、特定地方交通線クラスの新線の建設が凍結された。その後、第三セクター方式として建設続行が決まり、開業した路線と、そのまま建設が中止された路線とがある。北越急行や智頭急行など、建設再開後、ローカル線規格から高規格へと変更され、幹線の短絡線の役割を担い、黒字経営の路線もある。

加越能鉄道万葉線が第三セクター「万葉線株式会社」に引き継がれてスタートする際、一般市民、企業を含めて一億五〇〇〇万円以上の寄付金が集まり、ここでも大勢の市民が存続の後押しをしました。京福電鉄の福井県内路線が第三セクター「えちぜん鉄道株式会社」に引き継がれる際も、沿線の住民が存続支援団体のかたちをとって多くの出資を引き受け、存続後はサポート団体として名を連ねています。県による設備投資、各沿線市町村による赤字補塡という枠組みに加えて、「市民出資」というもうひとつの新しい要素が存在したのです。第三セクターは、市民が参加する企業形態として、新しい役割を担いはじめたといっていいでしょう（一二六ページ脚注参照）。

万葉線とえちぜん鉄道は二〇〇二年と二〇〇三年、いずれも「市民が支える市民の鉄道」を打ち出してのスタートとなりました。市民・行政・事業者の三者が一体で鉄道を支える仕組みの原型が、ここに誕生しました。

コラム⑤

生活交通と地方自治体の役割

関西大学教授　安部誠治

私たちは毎日、通勤や通学、買い物、通院など生活上の必要から生活圏内において近距離を移動している。そして、たまにレジャーや観光、親戚《しんせき》や友人訪問、出張などの用務で遠距離の移動を行っている。私たちは誰でもこうした二種類の移動を行っているが、ここでは前者を生活交通ないし日常交通、後者を非日常交通（これも広義には生活交通ではある）と呼ぶ。交通体系の視点から見ると、前者に対応しているのが地域交通体系、また後者に対応しているのが幹線交通体系である。

わが国の全国の一日当たりの旅客流動の現状を見てみると、実はその九割強は生活圏内を移動する日常交通であって、都市間を長距離移動する非日常交通の割合は全体の一割弱ほどしかない。つまり、私たちの日常的な交通行動の大半は生活圏内における移動なのである。したがって、地域交通問題の本質も、こうした生活交通問題にあるといえる。なお、地域交通をさらに区分すると、それは都市圏における都市交通とローカル圏における地方交通とに分けることができる。

ところで、経済的に欧米先進国へのキャッチアップを達成し、豊かな社会を実現したわが国では、国が全国一律にナショナルミニマムを整備していくという段階はすでに過ぎ去ったといってよい。一九九〇年代に入って、地方分権の推進が大きな政治課題となり、一九九五年に地方分権推進法が制定され、地方分権推進委員会（現・地方分権改革推進会議）が設置されたのも、こうした時代の趨勢《すうせい》を反映したものである。住民のニーズは地域ごとに多様で、かつ個性的である。そうした住民ニーズに適合する施策展開を図るためにも、地方分権の推進は避けて通れない課題である。

「二一世紀は地方の時代である」と言われるが、地域が住民にとって真に豊かで住みよい場となるには、住民の生活と社会経済活動を支える一連の社会資本の整備が必要である。なかでも、住民の移動の自由を確保し、地域の物流を支える地域交通体系の形成はもっとも重要な課題といえる。その場合、新幹線や空港などの高速交通手段や幹線道路といった幹線交通体系を構成する基幹的な交通社会資本の整備水準は、すでに充足段階に到っている。換言すれば、ナショナルミニマムとしての交通体系の整備は、ほぼ成熟段階に到達している。そこで、今後課題とされなければならないのは、地域の実情に適合した地域ごとに個性的な生活交通中心の地域交通体系の形成である。こうした地域特性を反映した地域生活交通体系の形成という点で、もっとも大きな役割と責任を負っているのは、地方自治体なかでも都道府県である。

ところが、率直に言って現在の多くの地方自治体には、複雑でその解決が容易ではない地域交通問題を十全にマネジメントしうるだけの力量はない。それは、これまでの地方自治体の交通関連行政は政策的にも財政的にもあまりにも国に依存して行われてきたために、地方自治体がそうした力量を形成する必要がなかったからである。しかし、これからはそうしたことは許されない。地方自治体のマネジメント能力が何よりも求められる時代が始まったのである。

地方自治体が政策の構想・立案能力をつけるためには、まず何よりもそのための人材を育成する必要がある。国（国家公務員）の場合は、いったん国土交通省に入省すれば、人事異動によって職場が変わったとしても、同じ交通分野の鉄道や自動車、航空といった部門を移動するだけであり、交通にかかる専門性は維持・継続される。しかし、地方自治体（地方公務員）の場合は、継続性や専門性を考慮しない人事異動がルーティーンで行われており、例えば今日まで土木部で地方空港の整備計画にかかわっていた職員が、明日から教育委員会に異動して県立体育館の窓口業務を担当するといったようなことが日常茶飯事で起こっているのである。これでは、専門性の形成など望むべくもない。地方自治体は、地域交通問題の諸相と問題の所在を把握することができ、かつそれをベースに現実的な政策立案ができうる、スペシャリストの系統的な養成を図るための仕組みを急いでつくる必要がある。

もう一つの問題は、現行の縦割り行政システムの欠陥である。すなわち、地方自治体では、国の施策にあわせて課題ごとに個別事業が推進されているために、整合的な地域交通政策の展開が阻まれている。これを是正するためには、地方自治体の行政機構の中に地域交通問題の全体を見渡すことができ、インフラストラクチャー（以下、インフラと呼ぶ）整備から補助金交付や個別交通サービスの提供までを調整できうるようなセクションを設置することが必要である。さらに、民間事業者との連携や住民参加の地域交通計画の策定という分野でも、地方自治体サイドにおいて、その手法や手続きの点で改善すべき余地は大きい。

　地方自治体の交通関係行政・事業は多岐《たき》にわたっているが、これまで地方自治体がもっとも人的および財政的資源の投入を図ってきたのは、交通インフラ整備の分野である。

　多くの道府県において、「地方活性化の三種の神器」などと半ば揶揄《やゆ》を込めた言い方がされる高速道路、地方空港、そして整備新幹線といった高速交通手段の誘致と整備が、地元選出国会議員の協力のもと、知事を先頭に県庁（または道・府庁）を挙げて取り組まれてきた。また、同時に一般道路整備にも、ほぼ半世紀にわたって毎年多額の建設予算が投入されてきた。

　一方、乗合バスサービスの維持といったような公共交通にかかわる諸問題は、県庁全体の注目と関心を集めるような課題とはならず、せいぜいのところ担当セクションが処理すべき小さな問題として扱われる傾向にあった。

　しかし、高速交通手段や一般道路といった地域の基幹的交通インフラの整備水準が充足段階に到達した今日、地方自治体がこれまで通りの交通行政を繰り返し続けていいはずがない。今、地方自治体に求められるのはパラダイムの転換である。すなわち、高速交通手段の整備と道路建設に偏重した交通行政を見直し、地域交通政策を生活交通中心のそれに転換する必要があるのである。

　今後のローカル圏の地域交通におけるもっとも大きな課題の一つは、人口減少社会への移行が進むなか、自家用交通手段を利用できない人々にいかなる移動手段を、いかなる供給形態と費用負担で提供するかにある。換言すれば、一定の交通需要が存在する地域においては公共交通機関の持続的維持、そして公共交通機関が存立不可能な需要極小地域においては、それに代わる移送サービスの継続的な提供という問題である。もちろんそれには、地域住民によるいわゆるクラブ組織が運行経費の一部負担を行うというケースもありうるが、中心となる費用負担者はさしあたり地方自治体をおいて他にないであろう。したがって、地方自治体によるこのための財政支出は今後、漸増《ぜんぞう》せざるをえないものと思われる。

　いうまでもなく地方自治を拡充するには、何よりも裏づけとなる財政基盤の確立が必要であるが、国は地方分権推進法は施行したものの、肝心の地方への税源移譲を含む税財政改革には手をつけていない。地方分権を実効あるものにするために、国はすみやかに税財政システムの改革に着手すべきであることは論を待たない。しかし、交通事業分野に限っていえば、国と地方との負担関係を大きく変更しなくても、現行制度の枠組みの中で地方自治体は施策展開のための財源を見出すことは可能である。すなわち、道路事業を見直し、道路整備費を精査《せいさ》することで財源の捻出は十分に可能である。

都道府県の道路予算は実に巨額であり、それは都道府県によって多少の相違はあるが、一般会計のおよそ一〇〜一五％程度を占めている。都道府県の道路予算をわずか五％程度でよいから削減し、それを地方鉄道や乗合バスの維持のために振り向けることができれば、地域の生活交通問題はまったく違った様相を示すことになろう。

公共事業は事実上、地方の最大の「地場産業」、あるいは「基幹産業」となっている。道路事業はその公共事業の中核である。そのため、道路整備費の削減は短期的には地域の雇用と経済にも影響を与えよう。しかし、公共事業に依存せざるをえないというのは、地域経済が不健全であることの証左である。公共事業依存型の地域構造の改革は、大きな困難を伴う課題であるが、それなしには「地方の時代」は到来しないといってよい。道路事業の縮小は、一方で地域経済と地場産業の再生とタイアップして推進される必要があり、その点でも、地方自治体関係者のプランナーとしての構想力と力量が問われることになるのである。

プロブレムQ&A

III

こうすればできる存続運動

Q15 交通の確保は行政の仕事ではありませんか?

交通政策の議論は専門的で、整備にも多額の費用がかかります。住民側が交通政策に参画するといわれても、具体的にどうしたらよいのでしょうか。

鉄道への認識によって異なる自治体の対応

後ほど紹介する富山県のJR西日本富山港線《とやまこう》(JRの廃止ローカル線を第三セクター「富山ライトレール」が引き継ぎ、LRT化する・二一四ページ参照)のように、地方鉄道に対して積極策がとられることは、残念ながら希《まれ》なケースです。ほとんどの場合は消極策を積み重ね、ひたすら経費を削減することに主眼をおいた運行方法が選択されたり、財政上身軽にするための検討が重ねられたりするのが、現時点で地方鉄道で一般的に採用される方法です。費用を極限まで抑えた申しわけ程度の輸送では、鉄道が本来有している社会的な機能を発揮《はっき》することは困難です。

ただし、このような状況の地方鉄道でも、まちづくりの素材として積極的に評価した地域にとっては、重要なインフラとなりえます。地域戦略として、行政が適切な投資を行って利用者の需要を引き出し、積極的にまちづくりの装置として活用する場合は、地域に大きな社会的便益をもたらすことも可能です。このあたりの交通政策は、各地方自治体の政策センスに負うところが大きく、地域によって対応がまちまちです。

特に三位一体の行財政改革によって地方交付税が大きく減っています。これがこのところの自治体の判断に大きな影響を与えているのですが、自治体が社会的便益を重視し、地域戦略の一環としてマクロ的に判断するならば、進んで鉄道を廃止するようなことはないでしょう。

これとは逆に、鉄道事業者の収支や数字上の財政を重視するような場合は、行政の判断として鉄道の廃止容認に傾く可能性が高まります。そのような地域においては、その分野における提言や実践活動を行う市民団体が存在するか否かも、鉄道の扱われ方を左右する重要な要素となります。

住民のイニシアティブが必要

地域の交通政策として、鉄道を中心とした道路渋滞への対策を行う際、道路

TDM
(Traffic Demand Management)
自動車交通の増加に合わせて道路や駐車場を整備するのではなく、自動車の使い方や道路の使い方、公共交通の整備などの工夫により、地域内の自動車交通の利用を抑制する施策。手段の変更（自動車のかわりに徒歩・自転車・公共交通）、自動車の効率的利用（相乗り）、時間帯の変更（時差出勤）など、複数のメニューを組み合わせて実施することにより効果が増大する。

整備を主とする従来型の政策から、鉄道・軌道を活かしたＴＤＭ政策への転換をはかろうとする自治体も存在します。しかし地域で鉄道に投資を行う場合、行政は、住民合意がなければ実施することはできません。

そこで、地域における住民の活動が重要で、住民が自分たちの問題として地域の公共交通とまちづくりに関心を持つことが必要です。それには、地域住民が公正な判断をするのに必要な情報の提供や、啓発《けいはつ》活動、行政に対して政策提言を行うというような枠組みが必要になってくるのです。

Q16 存続運動は効果があるのですか？

全国各地で鉄道の存続運動があることは報道されますが、成功例があるのでしょうか。運動の成否はどのような要因で左右されるのでしょうか。

運動は「知る」ことから始まる

地域の鉄道が廃止の危機にさらされたとき、まず「知る」ということが重要です。

本書で取り上げているようなデータや情報、法律や国の示している方針、都道府県・市町村、事業者、鉄道事業者団体などから公開されている情報だけでも、かなり重要な事実を把握することができます。これだけでは不足する情報については、自治体や事業者を訪問して調べることも必要になります。

どのような資料を、どう調べたらよいのか、あるいはどのような運動が必要か、各地の存続運動経験者に聞いたり、専門家の協力を求めることも有効でしょう。

問題の前提となっている情報を得たら、今度は住民に十分に提供することが大切になります。正確な情報を共有しないで、感覚や感情論に任せていては、鉄道の存廃問題を論じることも、何らかの成果を生むこともできないからです。

住民に情報が十分に伝われば問題への理解も深まり、適切な議論が広く行われるようになり、そうすると自然と存続のための市民活動も広がり始めます。そこで活動を盛り上げ、地域の鉄道を「地域で支える意思表示」を行い、沿線自治体や都道府県とともに地域の鉄道を支え活性化させる仕組みづくりを行います。

地域の鉄道を支え活性化させる仕組みづくりとは、みずから「乗って支える」ことに加え、支援企業の獲得や、企業・住民による寄付、募金、出資、鉄道承継の枠組みづくり（既存の鉄道事業者、新会社、第三セクター）、乗る仕組みづくりなどです。実際のところ、沿線自治体や都道府県でも、多かれ少なかれ、住民の生活交通を確保することへの責任は認識しています。したがって、住民が「乗って支える」という住民の役割を認識し、その役割を担う決意を表明し乗って支えることを行動に移したうえで、鉄道の存続と再生のために積極的な活動や提案を行えば、沿線自治体や都道府県、国の方針を動かせる可能性はあります。

では、実際に運動がどのように行われたか、存続運動が成功した「万葉線」「え

万葉線(高岡)

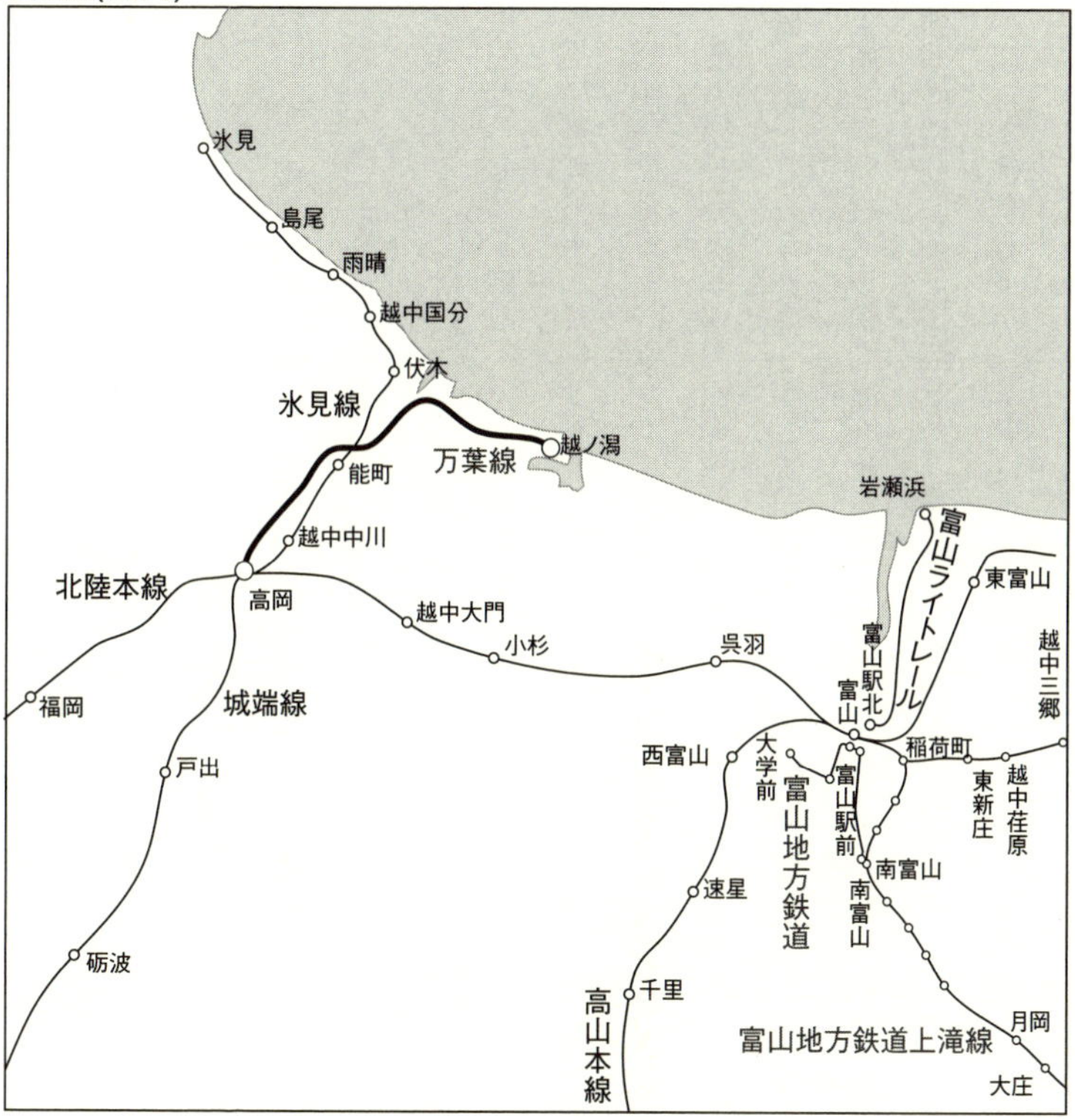

加越能鉄道

戦後の一九五五年に、名前通り加賀・越中・能登を結ぶ鉄道をつくる意味をこめて創立。二〇〇二年に最後の鉄道路線だった万葉線を手放し、「万葉線株式会社」に事業譲渡。現在は富山県西部を中心に、路線バスを運営するバス会社。

ちぜん鉄道」「北勢線」の三つの事例を紹介しましょう。

【事例二】画期的だった万葉線の存続

万葉線は、富山県西部の中心都市、人口一七万二〇〇〇人の高岡市と、人口九万四〇〇〇人の射水《いみず》市の新湊《しんみなと》地区（二〇〇〇年当時は新湊市、人口三万七〇〇〇人）とを結ぶ、路面電車と郊外鉄道の顔をあわせもつ一二・八kmの路線です。

存廃が議論されていた二〇〇〇年当時、加越能《かえつのう》鉄道の万葉線は、路面電車の走る都市圏としては全国最小で、路面電車であると同時に、二つの地方都市を結ぶ地方鉄道の機能も有していました。同路線は、昔は一部が富山地方鉄道射水線に属し、富山市街地ともつながっていましたが、富山新港の建設によって分断された後、東半分が廃止された経緯があり、さらにモータリゼーションの影響で経営が苦しくなっていました。そこに一九九三年、国が地方私鉄の赤字を補填する目的で実施していた欠損補助を廃止し、一九九八年から五年間に限って補助する近代化補助に切り替える措置をとりました。加越能鉄道はこのときを含め、度々廃止を示唆してきましたが、ついに一九九八年、正式に廃止を表明します。

県は当初、廃止の方針を打ち出し、これに対して高岡市と新湊市は存続の道

旧加越濃鉄道万葉線

を模索していました。当時の高岡市の交通問題担当者（佐野嘉朗氏と小神哲夫氏）は、万葉線の存続につながる情報を探して、日本全国に多くの学識経験者やコンサルタントを訪ね歩きました。そのなかで、コンサルタントに紹介された岡山の市民団体「路面電車と都市の未来を考える会（ＲＡＣＤＡ《ラクダ》）」会長岡将男氏に会い、同市で展開されている「ＲＡＣＤＡ」の市民活動が万葉線の存続のために必要な活動であると確信します。

高岡に戻ると、旧知の商店街の若いリーダー、島正範氏に協力を依頼し、すぐにＲＡＣＤＡの岡会長と引き合わせました。島氏は、岡氏の話に共感して路面電車をはじめとする公共交通の重要性に気付き、万葉線を高岡のまちづくりに活かすべく、高岡に「ＲＡＣＤＡ高岡」を設立しました。高岡市の佐野・小神両氏もみずから同会設立に参加し、万葉線の存続運動に取り組むことになります。この佐野氏と小神氏による、勉強を重ね市民団体の設立を働きかけた行動が、万葉線の存続に向けた取り組みの最初の鍵でした。こうして一九九八年、官民協働を基本に据えた市民団体ＲＡＣＤＡ高岡の活動が始まりました。

ＲＡＣＤＡ高岡は活動するにつれて、新メンバーが続々と入会します。その一人に、国立高岡短期大学産業デザイン学科の助教授（現富山大学芸術文化学部・

「ＲＡＣＤＡキャラバン」の活動（藤重歩氏提供）

教授）武山良三氏がいました。武山氏のアドバイスもあり、ＲＡＣＤＡ高岡は、「ＲＡＣＤＡキャラバン」と名づけた〝出前ミニフォーラム形式の集会〟を考案し、各地域で展開します。これは、万葉線の存廃問題が深刻化するなか、存廃を議論するために必要な情報をまず市民に提供することが目的でした。環境問題における公共交通の有用性や、鉄道の役割、バス転換によって発生する問題、存続した場合の万葉線の将来価値など、みずから出向いて説明するというスタイルをとっています。

ＲＡＣＤＡキャラバンでは、パソコン映像を駆使して説明し、講師を務めた武山氏の話術も手伝って住民の関心を引きました。講演のあとは「小宴会」を開き、住民の声に耳を傾けました。実は、この小宴会での交流によって、講演で話した内容が住民の心に届き、同時に、会のメンバー一人ひとりが住民の声を吸収し、回を重ねるごとに伝えるべき情報が整理されていくというメリットも生まれました。

実施にあたっては、メンバーがそれぞれのつてを頼り、あるいは自治会長を訪ねては交渉することで実現しました。自治会や婦人会、老人会など地域コミュニティの会合に出向いては情報提供を行い、約一年半の間に三〇カ所余りのＲＡ

CDAキャラバンを開催し、住民合意形成の一翼を担いました。
もうひとつ特筆すべきことは、高岡・新湊市の各界代表でつくる両市市長の諮問機関「万葉線問題懇話会」が設立され、その会長の座に国立高岡短期大学学長、蝋山昌一《ろうやましよういち》氏が就いたことです。蝋山氏は万葉線問題懇話会のなかで、経済学者として北陸新幹線建設にともなう並行在来線や枝線の存廃問題に言及し、万葉線の存廃問題はその試金石であると説くとともに、万葉線を都市の施設として存続させる必要性を説きました。また、情報が十分に行き渡らない状態のなかで住民投票やアンケートを行うことは、判断材料として不適切なことを指摘するなど、経済界や行政の判断に常に影響を与え続けました。蝋山氏は残念なことに、万葉線の存続決定を見届けたあと、病気のため故人となられました。
問題が大詰めを迎えたとき、高岡・新湊の両商工会議所から廃止を推す動きが起こり、存続にとって決定的に不利な状況となりました。そのとき、RACDA高岡が実施したRACDAキャラバンでつながりを得た沿線住民が、署名活動をはじめ各戸に存続を呼びかけるポスターを貼るなど、一斉に存続運動に参加するという大きな動きが起こったのです。住民によるこの熱意ある動きを受け、高岡・新湊両市議会が存続を決定し、あらためて県に万葉線の存続を要請、県知

万葉線の存続運動

この存続運動の経緯は『万葉線とRACDA高岡五年間の軌跡』(RACDA高岡編著)に詳しい。

〈問合先〉

RACDA高岡　TEL〇七六六−二四−二七八〇。担当/島　正範

事・県議会は「住民の熱意と行動を評価」し、ついに万葉線存続の決定を下したのです。存続が決まったとき、ＲＡＣＤＡ高岡のメンバーや沿線各地の自治会、老人会、婦人会、高岡・新湊の市職員、一般市民、そこに新湊市長も加わり、大勢の市民が万葉線の米島車庫に集まって祝杯をあげました。

県は、存続の条件として、受け皿となる第三セクターへの市民の関与を挙げていましたが、両市の市民および企業は、一億五〇〇〇万円に達する寄付・募金を集めてこれに応えています。これも特筆に値するところでしょう。

【事例二】全国に「地方鉄道問題」の存在を知らせた京福電鉄福井県内路線

京福電鉄の福井県内路線の存廃問題は、非常に特異なかたちで全国に知れ渡りました。京福電鉄の運行する福井県内三路線（越前本線・永平寺《えいへいじ》線・三国芦原《みくにあわら》線。越前線と総称）のうち、越前本線（福井〜勝山間）の一部区間東古市（現・永平寺口）〜勝山間（二七・八キロ）と永平寺線（六・二キロ。東古市〜永平寺間）は長く廃線の是非が議論されていましたが、事故はそのさなかに起こりました。

二〇〇〇年一二月、永平寺線の電車が終点の東古市駅を通り過ぎ、越前本線の電車と正面衝突するという大事故が発生。原因は、ブレーキ系統の部品が破損

えちぜん鉄道(福井)

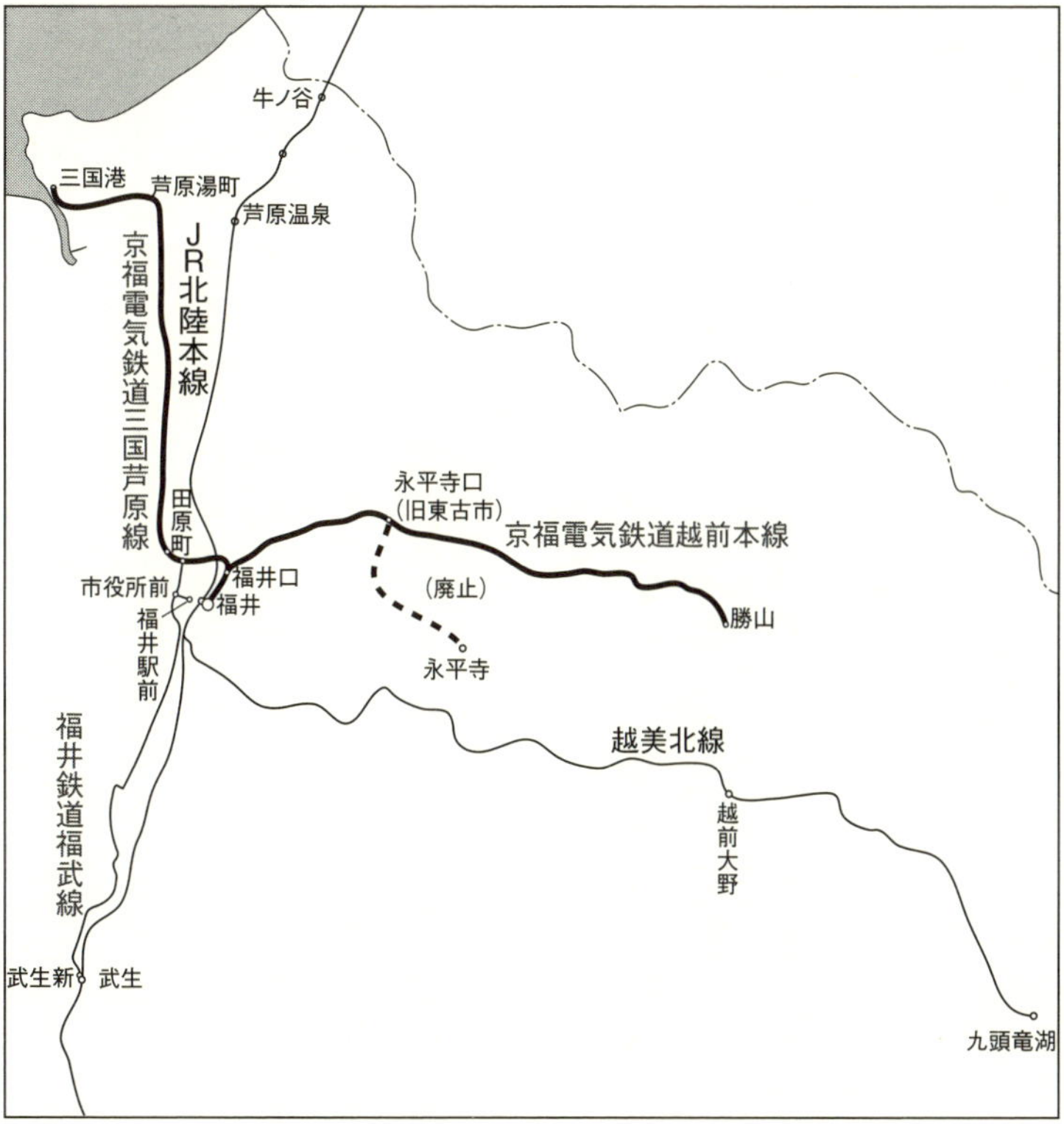

京福電鉄

京福電気鉄道（株）は社名通り、京都と福井の鉄軌道を電力会社等から引き継いで一九四二年に設立。二〇〇三年に福井地区の鉄道事業を「えちぜん鉄道（株）」に譲渡。現在は、京都市内で路面電車とケーブルカーを運営。

したことによる電車暴走でした。このとき永平寺線の電車の運転士が死亡し、乗客二五人が重軽傷を負いました。それから半年後、二〇〇一年六月、今度は越前本線の上り電車の運転士が信号を見落として正面衝突事故を起こし、二五人が重軽傷を負いました。半年間に二度の正面衝突という大事故が発生したことを重くみた国土交通省は、京福電鉄に福井県内路線全線の即日運行停止を命じました。

事故が起きる以前から、京福電鉄福井鉄道部では、再三存廃問題が議論されていました。一九九七年には京福電鉄は県および沿線市町村に支援を要請し、沿線自治体は三年間にかぎって補助を行うことで合意しました。その補助が切れる二〇〇〇年、沿線自治体は一年間を限度に補助を行うことを決めたため、存廃問題は再度先送りされました。一度目の事故の後、京福電鉄は一民間事業者が鉄道を維持していくことの困難を訴え、当初予定していた廃止区間だけでなく、福井県内路線全線の廃止を申し出るとともに、第三セクター化を含む運営方法の見直しを県と協議していました。二度目の事故はこのような背景のなかで起きたものです。

京福電鉄は、廃止を予定していた越前本線東古市～勝山間と永平寺線において、CTC（中央制御システム）を導入していませんでした。またATS（自動列

CTC
ひとつの線区内にある駅のポイントや信号機の取り扱いを一カ所に集中して操作し、列車の運行を効率的におこなう装置。駅の省力化・無人化にもなる。

ATS
現在国内のほとんどの鉄道に備えられ、乗務員が停止信号に従わなかった場合に、自動的に非常ブレーキをかけて停車させるシステム。

車停止装置）は一九九九年から導入していましたが、全車両のうち二両と、四五駅中一駅にしか設置していませんでした。

ここで二つの問題点が出てきます。京福電鉄は県や沿線自治体から補助を受けていたのに、なぜ廃止を持ち出したのでしょうか。なぜＣＴＣやＡＴＳの設置を含め設備投資を行わなかったのでしょうか。その理由として、事業者にとって、単年度や短い年度にかぎられた補助では長期的なビジョンが立てられず、そのため何らの抜本的な改善が講じられることなく運行が続けられることになります。これでは事業者も従業員も、志気を保つことが困難です。年度で区切った補助は、しばしば各地の鉄道の存続方法として用いられていますが、この措置は好ましい方法ではありません。

京福電鉄の二度にわたる事故は、これが一地方の鉄道会社の問題ではないことを社会的に知らせる結果となり、それに続く地方鉄道における事故の発生を未然に防ぎ、交通政策に対する一般的な認識を変えることになった点で、地方鉄道にとって重大な出来事でした。この事故をきっかけに始まった「京福越前線存続運動」は、単に存続運動が行われたにとどまらず、問題の本質についての議論を促し、国における鉄道政策についての新たな取り組みを促すきっかけとなりまし

京福電車存続の決起集会

（二〇〇一年の二度目の事故前日・畑みゆき氏提供）

た。

即日全線の運行停止命令が出され、突然、電車の運行が止まった福井では、翌日から大混乱に陥りました。越前本線、三国芦原線の二路線はともに福井駅を起点に約三〇キロの区間を走り、その沿線市町村は、経済・教育の多くを福井市に依存しています。代行バスが走ることになりましたが、バスでは乗客の積み残しが出るうえ、幹線道路からそれて駅に寄るため、当初は電車の三倍の時間を要しました。

運行経路は徐々に幹線道路を直進するルートに改められていきましたが、その間に通勤通学手段をクルマに変更する人も多く、幹線道路の渋滞が悪化しました。そうしたことが原因で、最終的に、運行停止後約二年間で電車の乗降客数の七割近くが代行バス（後に代替バス）を離れ、クルマによる通勤や送り迎えに移行しました。その間、地元では廃線論が一気に噴出しました。運行再開のためにかかる設備投資額があまりに大きいためです。このまま議論が進められると、運行停止のまま廃止となる可能性が大でした。

このような状況下で、沿線各地では住民や市民団体が存続運動に取り組みました。勝山市の「京福電車存続対策勝山市民会議（以下、勝山市民会議）」は早く

代行バス
鉄道の事業免許のまま、バスによる短期的な運行でその路線の輸送を維持する。事故、災害、工事などにともなって運行されるケースが多い。

代替バス
鉄道が廃止されたあと、その代わりに運行されるバスを指す。

からこの問題に取り組み、発足間もない福井市の市民団体「ふくい路面電車とまちづくりの会（ＲＯ《ロ》ＢＡ《バ》の会）」もこの問題を重視し、別のアプローチから取り組んでいます。

前者は、勝山市と連携をとりながら、シンポジウムやイベントなどを通して市民に対して鉄道の必要性を伝える啓発活動を行い、短期間に勝山市民七〇％の存続を求める署名を集めて提出しました。また、地方鉄道の経営者を招き、運行再開に必要な設備投資費の削減案を提案するとともに、中部運輸局との交渉なども展開しました。他の沿線地域に呼びかけて運動を広げ、運動全体をまとめる役割も果たしています。

後者は、県議会への請願、沿線自治体への提案などを通じて、マスコミを利用した住民へのアピールを繰り返しました。同時に、環境やまちづくりなどの分野で活動する他のＮＰＯを巻き込んで「京福問題から福井の未来を考える市民連合（以下、市民連合）」を設立し、以来、さまざまなセミナーなどの場に問題点を整理した解説資料を提供し、講師を派遣するなど、著しく不足していた情報を広く住民に提供して議論を促し、啓発しています。

また、多様なメンバーで構成されたＲＯＢＡの会は、各自がそれぞれの立場

ＲＯＢＡの会

福井市が路面電車を活かしたまちづくりをめざし、社会実験を行うにあたり、同市の外郭団体であるまちづくり会社が、二〇〇〇年に三回にわたってまちづくりフォーラムを開催した。このフォーラムに参加した市民が、この取り組みを継続すべく、二〇〇一年二月に設立した市民団体。フォーラムに対する関心は高く、市・県職員、議員、学識経験者、会社員、主婦、学生などが参加したが、これがＲＯＢＡの会に多彩な顔ぶれが集まった要因。「市民が市民団体をつくるだろうと想定してフォーラムを仕掛けた」との市関係者の裏話も。二〇〇五年四月、法人認証を取得し、「ＮＰＯ法人ふくい路面電車とまちづくりの会（ＲＯＢＡ）」となる。連絡先〇七七六―二五―七九六八

で、議論や施策の推進に関っていったことも大きな特徴です。メンバーのなかに県議会議員や県職員がいましたが、同会では彼らを交え、連日議論を重ねました。当初、四〇人中わずか四人しか存続を支持していなかった県議会に対し、当面のハードルであった費用負担について、工夫次第で運行再開に必要な設備投資費を大幅に軽減できること、さらには上下分離方式を採用することで存続の枠組みが構築される可能性が増すことなど、同会メンバーの県議会議員を通じ、さまざまな検討材料が提供されました。

この上下分離方式に関する情報は、ちょうど県議会において「役割と責任の所在」が議論の焦点になっていたことから、「県と沿線市町村の役割分担としての上下分離」の議論につながり、県議会が存続決議に向かう一つのきっかけとなっています。また、県では一部の職員の間で「費用便益分析」の必要性が強く認識されていましたが、県の方針の中で取り上げられる機会はありませんでした。そこで、ROBAの会メンバーの県議会議員が、議会でこれを後押しし、ROBAの会も費用便益分析の実施を求める請願書を提出したことも手伝って、県は費用便益分析を行うことを決定。費用便益分析の結果、県や県議会から出された、鉄道を廃止してガイドウェイバスにする案や、バス専用道にする案も、それらの事

京福電鉄時代の三国芦原線

業費が鉄道を再生する費用を上回るだけでなく、それに見合うだけの所要時間短縮の効果がない、という結論を県が引き出すに至りました。

一方、住民の連携の輪は次第に広がっていきました。勝山市民会議と市民連合の両会は、連携し、新たに「電車存続県民会議」を結成しました。その頃、三国芦原線沿線では、当路線で事故が起こったのではないから廃止されることはないと受け取られていたため、運動の盛り上がりに欠けていました。そこに突如、県から「三国芦原線も福井市近郊区間を除いて廃止する」という案が伝えられたことから、三国町で急速に活動を活発化させていた「三国町電車存続推進会議」が連携の輪に加わり、吉田郡の運動グループもこれに加わりました。

こうして京福電鉄の存続を求める声が高まるなか、沿線各地ではシンポジウムや、セミナー、存続イベント、総決起大会などが相次いで開催されました。その開催時期をみると、二週間のうちに連続して五ヶ所以上で開催されており、存続運動が大いに盛り上がっていったことがわかります。知事は、沿線自治体の首長会議における合意を受けて、住民の「熱意と行動」と沿線自治体の「決意」を評価し、ついに県としての存続の方針を打ち出したのです。最後まで結論が出なかった福井市議会に対しては、沿線にある福井市内の四つの自治会連合会が新た

えちぜん鉄道

に連携の輪に加わり、議会へのはたらきかけを行っていました。

存続決定後、沿線自治体が中心となって第三セクター「えちぜん鉄道株式会社」が設立されました。経営者に、地元の有力企業の常務取締役であった見奈美《みなみ》徹氏（専務取締役。後に代表取締役社長）を迎えました。こうした動きを受けて、沿線九市町村では、存続活動にかかわった各市民団体が会員から出資を募り、それぞれが集めた一〇〇万円から一〇〇〇万円の出資を行っています。これにより、新鉄道に住民参加型の「ジョイントセクター」の要素が付加されました。

ここでは、行政側の動きについては詳しく触れませんが、県が鉄道を残すために新たに立ち上げたプロジェクトチームや、その後の新鉄道会社設立支援室、勝山市をはじめとする沿線市町村、県や勝山市を支援した国土交通省中部運輸局の果たした役割はたいへん大きかったといえます。

存続運動の過程では、県・沿線自治体関係者、学識経験者、議員、市民団体、住民が連係して意欲的に啓発活動を行い、合意形成がなされました。その間、プロデューサーやコーディネーターの役割を果たす人なども現れて、存続運動全体が形成されていき、また住民も自分たちの果たすべき役割を認識していったのです。

セクターの分類

一般に、第三セクターと総称されているもののなかに、厳密には第四セクターやジョイントセクターに分類した方が適切なものが含まれることがある。

【第三セクター】自治体（第一セクター）と民間（第二セクター）が、それぞれの利点をいかして地域の公的事業を共同出資して遂行する事業体。一九六九年、新全国総合開発で登場した考え。

【第四セクター】自治体と住民（NPO・NGOを含む）の共同出資による事業体。

【第五セクター】企業と住民（NPO・NGOを含む）の共同出資による事業体。

【ジョイントセクター】自治体と企業と住民（NPO・NGOを含む）の共同出資による事業体を指す。

福井県内路線は、運行停止から二年一カ月後、多くの人々の知恵と工夫と熱意に支えられて、えちぜん鉄道として生まれ変わりました。二〇〇三年（平成一五年）七月十日、勝山永平寺線（旧越前本線）・三国芦原線の部分運行を開始し、その一ヵ月後、三国芦原線全線開通。永平寺線だけ鉄道としての復活がならず、バス転換となりましたが、それを除く全線で、同年一〇月一九日に運行再開を果たしています。

なお、運行停止から約二年間で七割近くがクルマ利用に移行していた電車の乗降客数は、全線運行再開から二ヶ月後にはかつての八割まで戻り、二〇〇六年度末時点で運行停止前の水準まで回復、その後さらに増加を続けています。

【事例三】廃止届け提出後に存続に逆転した近鉄北勢線

近鉄北勢線は、三重県桑名市といなべ市阿下喜《あげき》を結ぶ全長二〇・四キロの郊外支線です。地元住民の足として、また通勤通学手段として、毎日約七〇〇〇人の乗客が利用していました。しかしながら、運行会社である近鉄は、経営改善計画の一環として年間赤字額が七億円になることなどを理由に、北勢線の廃止を決定しました。これに対して、沿線自治体は「乗って残そう運動」を展開しました

出典）出井信夫『都市・地域政策と公民連携・協働—PPP・PFI・NPO・基金・公益信託・第３セクターの研究－』p.230より。

北勢線(三重)

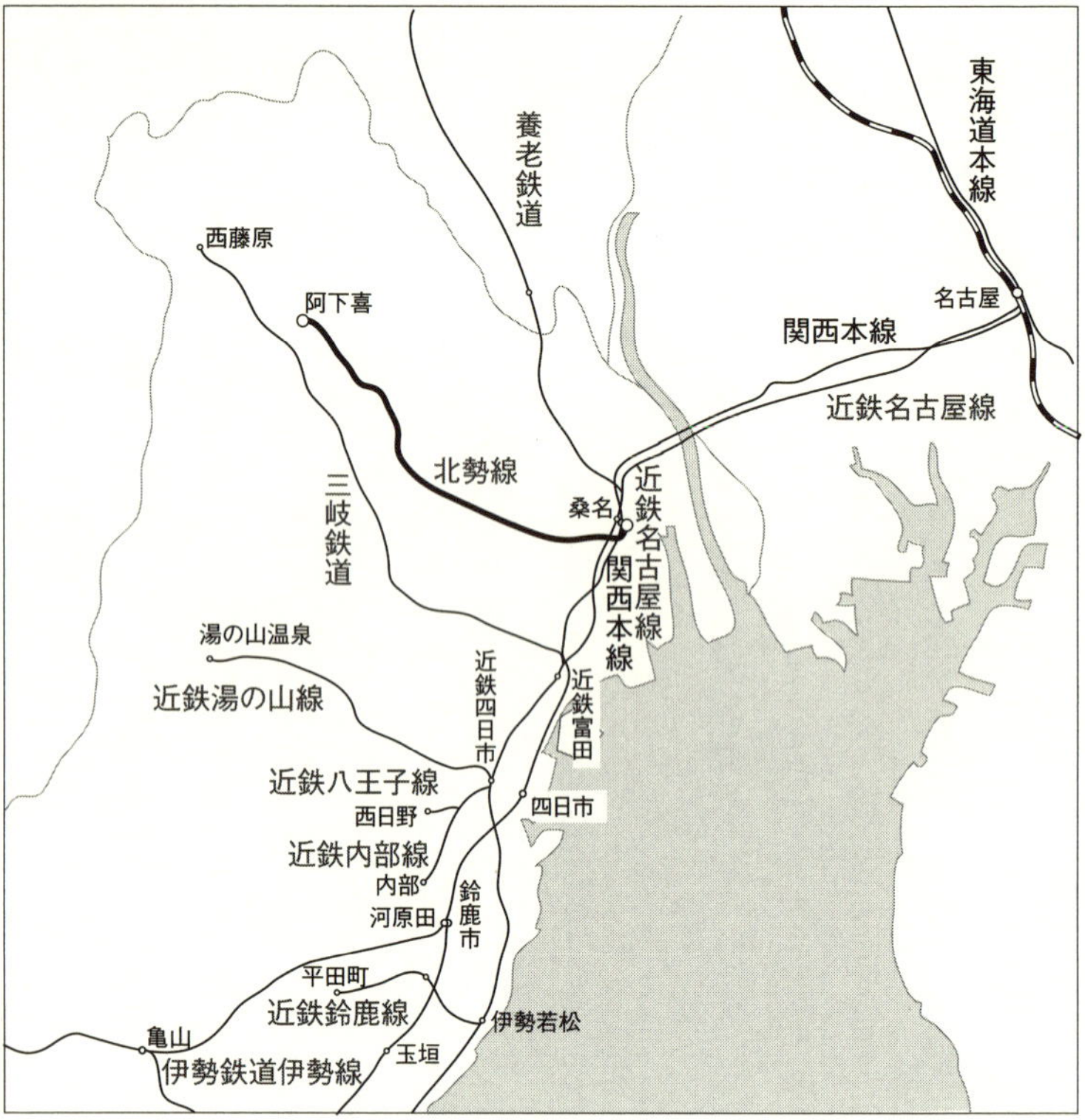

北勢線

三重県桑名市の西桑名駅から、いなべ市（旧北勢町ほか）の阿下喜駅までを結ぶ、いまや貴重な存在となった軌間七六二㎜の電化ナローゲージ路線。一九一二（明治四五）年に北勢軽便鉄道として設立。その後、三重交通（株）、三重電気鉄道（株）、近畿日本鉄道（株）に引き継がれ、二〇〇三年四月より三岐鉄道に事業譲渡された。

が、近鉄は二〇〇二年三月に中部運輸局に「事業廃止届」を提出しました。

しかし、なおも存続を求める沿線住民が活動を続けたのが、北勢線の例です。なかでも代表的な団体が、起点駅の桑名市を中心とした「北勢軽便鉄道をよみがえらせる会」と、終点である阿下喜《あげき》駅を中心とした「阿下喜駅を残す会」の二つの住民グループです。両者は常に連携して存続活動を進めました。民鉄の経営者に助言を求めたり、先に存続の結論に到達していた万葉線やえちぜん鉄道（旧京福電鉄）の沿線の取り組みを参考にするため高岡市や勝山市を訪問したりしました。

沿線の住民グループは、第三セクターにおける事業試算の見直しを独自に行い、北勢線が廃止された場合に起きる深刻な道路渋滞の問題を繰り返し訴えました。存廃議論のなかで鉄道跡地のバス専用道化案が出されると、それが鉄道を維持再生するよりも大きなコストがかかり、地域の交通需要を担ううえで適切ではないことを、シンポジウムや説明会を開催して広く伝え、住民や議会に対しての情報提供や提案、議会対策活動などを展開しました。

県は当初、「代替交通確保による廃線容認」の態度でしたが、住民グループが、近隣の鉄道事業者である三岐鉄道が運行の受け皿となる枠組みを引き出したこと

日本では珍しいナローゲージ（レール間隔七六二㎜）の北勢線の電車

から、沿線の関係自治体で運営費を分担し、県も一部を分担することを二〇〇二年八月末に決定しました。廃止届けが提出されて五カ月後のことでした。

存続運動にかかわった当事者は、鉄道存続に必要な運動の要点として、次の四つをあげています。

- 沿線自治体の首長が、鉄道として存続させる明確な意志をもつこと。
- 沿線利用者のニーズをアンケートなどによって表面化させ、首長の決定を応援し、廃止論者を説得すること。
- どのくらいの価格で事業を譲渡するか交渉すること。
- 事業の受け皿となる企業を見つけること。

コラム⑥

市民活動を育てる条件

富山大学芸術文化学部教授　武山良三

富山県高岡市と新湊市の間を走る路面電車「万葉線」。かつては全国で一番存続が危ういと言われ、実際に廃線の瀬戸際《せときわ》までいった路線が残ったばかりか、二〇〇四（平成一六）年一月からは新型の低床式車両が導入されるまでに復活した。

その要因にはいくつもの理由が挙げられ一言でまとめるのは難しい。直接的には行政から最終的な検討を依頼された万葉線問題懇話会が「万葉線は、都市の装置として活用すべし」などとその存続理由を明快に理論づけたことが、両市議会及び富山県議会を動かしたことによる。

しかし、その提言がなされるまでには一貫した市長の姿勢、その命を受けた行政担当者の熱心な取り組み、そして自治会や婦人会の支援など多くの人々の協力があった。中でも市民グループ「路面電車と都市の未来を考える会・高岡（通称ＲＡＣＤＡ高岡）」の活動は、存続が行政の独断ではなく、市民の合意のもとにおこなわれるのだということを広く市民に知らせたという点で大きな役割を担った。ここでは同グループの活動をふり返り、市民運動を育てるポイントについて考える。

どんな人を集める？

ＲＡＣＤＡ高岡が誕生したのは一九九八（平成一〇）年四月、国の欠損補助が打ち切られ、いよいよ問題が深刻化した最中だった。事態を憂慮した行政担当者が、精力的に情報収集するなかで出会ったのが、岡山で路面電車を活用したまちづくり活動を実践していた岡将男だった。万葉線を単に存続させるだけでなく、将来に渡って維持していくためには、このような市民の後押しが不可欠と考えた担当者は、岡山のＲＡＣＤＡからそのグループ名をもらい受け、同年四月、ＲＡＣＤＡ高岡の設立にこぎ着けた。

担当者はあくまで市民主導型のグループとするため、取りまとめを地元の商店街で洋品店を営み、まちづくり活動にも積極的だった島正範に依頼した。島は万葉線を利用しているわけでもなく、公共交通に関しても何の知識もなかったので当初は戸惑《とまど》ったが、岡の人柄や行政担当者の熱意に感銘を受け会長を引き受けることにした。これは最初で最大のポイントであるが、まずは「熱意のある人」が居なければ何も始まらない。

島はとりあえず頭数を揃えるべく、ちょっとでも手伝ってもらえそうな知り合いに声をかけたため、万葉線どころかまちづくり活動も初めてという会員も含まれた。会員を対象におこなった調査の結果でも[注1]「市民活動歴はRACDAが初めて＝四〇％」となっている。活動に加わった動機については「まちづくりに関心があるから＝五八％」「公共交通に関心があるから＝五三％」「市民活動に関心があるから＝三三％」が上位を占め、「万葉線が好き＝二八％」「鉄道マニア＝一九％」とRACDA高岡が単に「万葉線が好きだから残したい」というのではなく、あくまで「まちづくりにとって必要」といった考えの会員が多かったことがわかった。

多様な属性の会員が集まったことは、それぞれの専門性を活かして役割分担することに繋《つな》がった。当初は会長を筆頭に、一部のコアメンバーだけに作業負担がかかったが、三年目ごろから「このイベントは自分が担当しましょう」と積極的に活動する会員が交替で現れ、活動の幅は一気に広がった。なぜそのような状況になったかを考えると、ひとつはある程度活動が継続されたことによってどのようなことをすれば良いかという経験が蓄えられたことがあげられる。また、手が挙がった場合、他の会員が余計な注文をつけずにできる限り任せたことが、責任感を芽生えさせたと考えられる。市民活動は基本的にボランティア、対価を求めない代わりにやりがいを持って気持ちよく活動ができることが大切だ。

お金はどうする？

小さなイベントひとつ開催するのにも、会場代や広報費、謝礼などそれなりの費用がかかる。行政からの補助金、あるいは新聞社や企業からの賛助金はのどから手が出るほどほしいが、受け取れば必ず制約が生じることを覚悟すべきである。はっきりと要求が出ない場合でも、そこには遠慮という心理がはたらくからだ。従って、例え小額の予算規模でも決済が自分たちでおこなえる独立した組織をつくることが望ましい。

RACDA高岡の会費は年間二〇〇〇円。六〇名の会員から全額回収できたとしても一二万円の資金しかない。後は高岡で開催される朝市に出店するなどして資金を稼いでいる。また、年数回開催するイベントはすべて単独事業とし、その日の内に支払いをきっちり済ませて決算をおこなっている。各会員の負担額は、研修旅行に参加した場合が最も高く二〜三万円の出費。イベントでは、お弁当代や交通費などで一回一〇〇〇〜二〇〇〇円程度、年間を通しても一万円までに納まるようにしている。

どんな活動をすれば良い？

ＲＡＣＤＡ高岡は、前述のとおり一九九五（平成七）年に岡山で設立された本家ＲＡＣＤＡからもらい受けた名前である。はっきり「素人」と自覚していたので、なんでもかんでも学ばせてもらおうという活動方針がとられ、名前どころか趣意書までいただいた。一九九九（平成一一）年からは、先進地へ研修旅行をはじめたが、これも「少しでもヒントがもらえたら」という思いからだった。岡山からは、路面電車を活用した町並み探訪ワークショップの手法を、また豊橋からはスケッチ電車の企画を学び、早速高岡で実施した。加えて、会員向けに環境問題や第三セクターなどについての勉強会をおこなうなど、問題に対する理解を深める努力をおこなった。渡辺俊一の著書『市民参加のまちづくり』[注2]に書かれていた「学習なくして参加なし」を合い言葉に、ひとつひとつ学んでいった。

学ぶことと同時に、意識したことが「具体的なプランづくり」だった。出されたアイデアを一本筋の通ったプランにしていくことは困難な作業であったが、これをやらなければ問題解決のための具体策が浮かび上がらない。ＲＡＣＤＡ高岡の場合は、地元の建築家や大学からの協力が得られたため、リアリティのある「万葉線再生計画案」を作成することができた。大学は従来、研究・教育が主体であったが、近年、地域と積極的に連携《れんけい》を図りこれに貢献することが命題になっている。遠慮することなく大学に協力を持ちかけると良い。うまく運べば学生の参加を得られる可能性が生まれ、若い力はまちづくり活動にとって強力な武器になる。

よく言えば「何事も学ばせていただく」、悪く言えば「ちゃっかりコピー」のＲＡＣＤＡ高岡だが、街角出前フォーラム「ＲＡＣＤＡキャラバン」は、万葉線再生計画案を広く知ってもらうため独自に考えた活動である。ポイントは「来てもらう」のではなく「こちらから行く」だ。

高岡市では、郊外に新興住宅街が整備される一方、中心部では地縁のコミュニティが残っており、自治会活動も盛んだ。祭りは元より講演会などを熱心に開催している地区も多い。自宅の近くにある公民館で開催されるため下駄履きで気軽に参加できる雰囲気があり、かなりの住民が集まってくる。しかし、毎年開催していると世話役は講師を捜してくるのが一仕事である。そこに目を付けたのがＲＡＣＤＡキャラバンで「会場と参加者さえ確保してくれたら講師および必要な機材は一切こちらで準備します」と持ちかけたところ、折しも万葉線は新聞紙上を賑《にぎ》わす話題であったことから快く了承を得ることができた。

外へ出て行くラクダキャラバンでは、ひとつの工夫をした。それは、事前にその地区や団体が抱える問題を調査し、内容に盛り込んだことだ。タクシー営業所の撤退が話題になっていた地区では「タクシーも公共交通のひとつです」と切り出し、ＪＲ支線沿線の町では、「北陸新幹線が開業したときどうなりますか？　万葉線はその試金石なんですよ」と訴えることで、万葉線が走っていない地区でも「我が事」として捉《とら》えてもらえるようにした。存続が直面するテーマであるにせよ、万葉線だけでなく広く公共交通全体、あるいは環境保全や地域活性化など、より上位のテーマと結びつけることを意識的におこなった。

コミュニケーションは、どうしよう？

人が集まり、活動が始まるとすぐに直面する問題が、どこに集まるか、またそれを会員にどのように周知させるかであった。ＲＡＣＤＡ高岡ではいくつかの会場を渡り歩いたが、二〇〇三（平成一五）年からは中心市街地にある「高岡まちづくりセンター」という、ボランティア拠点を使わせてもらっている。ここにはコピー機も完備されており、二〇名ぐらいで会議ができる。ＮＰＯなどは小規模な組織が多く単独で会議スペースなどを確保することが難しいので、共同借用などを考えたい。近年はネットワーク設備が充実したＳＯＨＯ向け施設などが、格安の家賃で提供されていたりする。また、中心市街地の空き店舗などを無償で借りることができるような場合もあるので活用したい。

ＲＡＣＤＡ高岡では、時として地元の飲食店も会場にしている。これは地産地消、できる限り中心市街地を歩いて、しかも店舗を利用しようという考えからだ。利用した店舗からは当然歓迎され、会の活動に対しても積極的な理解が得られる効果がある。

会合の日程周知は、場所と日程を固定することで対処している。平成一五年度は第一、第三水曜日の午後七時～九時とし、会場は前述の高岡まちづくりセンターとした。イベント前などは臨時の会を開催することもあるが、この場合は電子メールを用いて連絡を取っている。

市民運動を育てる条件

RACDA高岡の活動に参加して、市民運動に必要と感じた要点を挙げてみたが、まとめると次のようになる。

・リーダーには〝熱意〟が絶対条件
・素人歓迎、会員は多様な属性のメンバーを集めること
・個性が活かせる役割分担を行い、任せ合うこと
・自分たちで具体的プランがつくれるよう学習すること
・活動拠点づくりなども含めて連絡手段を確保すること

企業活動に必要な資源として「人」「もの」「金」があげられる。情報化社会が叫ばれるようになってからは、これに「情報」が加えられるようになったが、このことは市民グループの活動においてもまったく同じである。ただし、市民活動において「もの」や「金」が豊富であることは、まず期待できない。

「人」に頼らざるを得ないからこそコミュニケーションは重要だ。また、せっかくの活動を広げていくためには、いかに情報を発信していくかが鍵になる。冗談のようだが、「酒（＝オフライン）」と「ネット（＝オンライン）」が、市民運動活性化への必須条件だ。

（注1）平成一五年六月に実施。サンプル数四三、文中の設問では複数回答とした。

（注2）渡辺俊一『市民参加のまちづくり——マスタープランづくりの現場から』学芸出版

存続決定後の恒例イベントにて、佐藤孝志高岡市長（当時）が飛び入り参加。（武山良三氏提供）

コラム⑦

新しいかたちでの地方鉄道再開までの道のり
―京福電鉄から「えちぜん鉄道」へ―

福井大学教授　川上洋司

鉄道存続の合意形成の背景

福井における鉄道存廃問題は、一九九二（平成四）年に京福電鉄が一部路線の廃線・バス転換を表明したことに端を発する。しかし、本格的な地域をあげての議論は、こうした中での二度の事故発生により、国交省から前代未聞の「安全確保に関する事業改善命令」が出され、全面的運行休止／バス代行に入った二〇〇一（平成一三）年七月から展開されることになる。突然の鉄道運行休止／バス代行という「後ろ向きの社会実験」ともいえる状況を経験することになったわけである。

京福運行時に約八三〇〇人／日程度あった利用者は、代行バスでは対応しきれず、時の経過とともに減り続け、最終的には約三割程度にまで利用が落ち込んでしまった。バスでは鉄道にとって代われないことが実証されたわけである。この事実が示す問題は、まずは代行バスを利用せざるを得ない人々にとっては、時間的あるいは快適性といった面で大きな負荷を余儀なくされたことにあり、もう一つは鉄道を利用していた人の多くが交通行動の変更、さらには生活活動そのものの制約を余儀《よぎ》なくされたことである。

例えば利用者の一部は、車利用への変更（この中には車の購入を余儀なくされた人々も含まれている）、第三者への負担に頼る車送迎、家族に心配という精神的負担をもたらす自転車等への変更を強いられることとなった。こうした層は交通手段の変更ということで対応し得たが、深刻なのは好ましい移動手段を失ったことによって、外出を取りやめる、回数を減らす、目的地を変更するといった生活活動そのものの変更を強いられた層、明らかに「生活の質」そのものの低下を余儀なくされた層が発生したことである。鉄道を利用することにより直接的に便益を受けていた人々にとっては、その存在を失ったことによって大きな負荷や制約を実感することとなったわけである。

同時に、運行休止の影響は、鉄道を普段利用していなかった人々に対しても、送迎といった実質的負担や家族に対する心配といった精神的負荷の増大、代替手段を失ったことによる安心感の低下等を実感として認識させることとなった。

そして、こうした個人ベースの鉄道に対する存在意義の認識は、将来の地域社会全体としての問題へと展開することとなった。人々の実感にもとづく、この鉄道に対する関心の広がりと深まりが、存続という意思決定を導いた大きな推進力となったことは間違いないと思われる。

存続という地域としての意思決定に至るプロセスの中で、もう一つ見過ごしてはならない点を挙げるとすれば、地域住民個々の声を結集し、議会、行政にならぶ第三の勢力として意思決定に大きな影響を及ぼした市民グループ、各種団体の存在である。採算性への危惧《きぐ》、車社会を前提とする鉄道不要論が拮抗《きっこう》的に存在し、トップダウン的な意思決定が躊躇《ちゅうちょ》されているなかに、ボトムアップ的な意思決定の力学を持ち込んだ意義は大きい。

地域に投げかけられた鉄道の存廃をめぐる問題は、将来を見据えた自らの生活、地域に対する思い、目先の利便性だけではなく安心やゆとりといった価値観、自らだけでなく鉄道に頼らざるを得ない他人を思いやる気持、さらには環境への配慮といった公共心等を人々の中に育む機会を与えることになり、また住民参加型意思決定の仕組みをも芽生えさすこととなった。地域にとって鉄道を存続しえたという結果に加えて、こうした副産物ともいえるものを地域にもたらした意義は大きく、今後の鉄道を活かした地域づくりを展開する上での大きな資産を持ちえたといえるのではなかろうか。

「存続」の意思決定から「存続の仕組み」の議論へ

存続という地域としての意思決定は一つのハードルであり、次にはどう存続させるかについての大きなハードルがあった。改善命令による運行休止という状況、元鉄道事業者の廃業決定、沿線九市町村という関連自治体の多さと存続に対する温度差等の固有の条件、再開させたとしても当初から採算を見込めずその負担をどうするかといった基本的問題を抱え、地域で支える仕組みが確立しているわけでもない。こうしたなかで、県、沿線市町村、各種市民グループ、事業者等各種団体といった様々な関連主体間で侃々諤々《かんかんがくがく》の議論が展開され、試行錯誤的ながらも「福井方式」といえる仕組みにたどりつくこととなった。

端的にいうと、県は運転再開に必要な工事費、資産取得費等の運転開業資金以外の初期投資、設備費補助を、沿線市町村は運転開業資金、欠損補助を負担するという役割分担、新鉄道会社は沿線市町村と民間の出資による三セク方式により設立し、運営するというものである。インフラ部分と運営部分を分けたという点で上下分離方式といえ、新会社に対して民間企業だけでなく市民サポート団体を通して市民も参画しているという点で、地域全体で支えるという仕組みとなっている。独立採算制を超えて地域の公的主体が財源面・運営面で関与することについては、鉄道がもたらす外部的地域経済効果、環境・福祉・教育面といった公的施策の代替性（公益支援性）を前提とすることによって、その妥当性を担保しているものと捉えることができる。まさに鉄道を地域における社会資本として位置づけたといえよう。

しかしながら、えちぜん鉄道という新しいかたちで再開したことは出発点に過ぎず、その社会資本としての真価はこれからの地域一体となった取り組み如何にかかっている。採算性を評価尺度におくのではなく、いかに外部経済効果を生み出すか、また環境や福祉といった他の公共施策との連携により行政負担を効率化させるかといった点を評価の中心に据えることが求められている。直接的には、利用者数そのものを評価尺度に据え、利用者数が増えることが人々の生活の質の向上や、環境負荷の軽減、まちの活性化等にとっての一つのバロメータであるといった見方を持つべきであろう。

Q17 ほかに新しい試みはありますか？

鉄道をめぐる事情は事業者や自治体など、状況によってさまざまです。二〇〇三年秋に廃止となった可部線では、新しいタイプの取り組みが試みられています。

全国に注目された可部線の存廃問題とその後

先に述べた「万葉線」「えちぜん鉄道」「北勢線」と同時期に、広島でも鉄道の存廃問題がもちあがりました。JR西日本の可部線《かべせん》の一部区間、四六・二kmです。この区間は二〇〇三年に廃止されていますが、可部線存続運動には参考になる要素がたくさんありますのでご紹介します。

JR西日本から「二〇〇〇年の春をめどに廃止し、バス転換する」と正式発表されて以来、「可部線問題」は多くの関係者の関心を集めました。可部線は、国鉄がJRになってはじめて打ち出した廃止路線で、始発駅に中国地方唯一の政令都市広島市（人口一一四万人）、終点駅に特別名勝《とくべつめいしょう》三段峡をひかえる比較的好条件の路線だったからです。このような路線が廃止になれば全国の多くの地方鉄道路

可部線(広島)

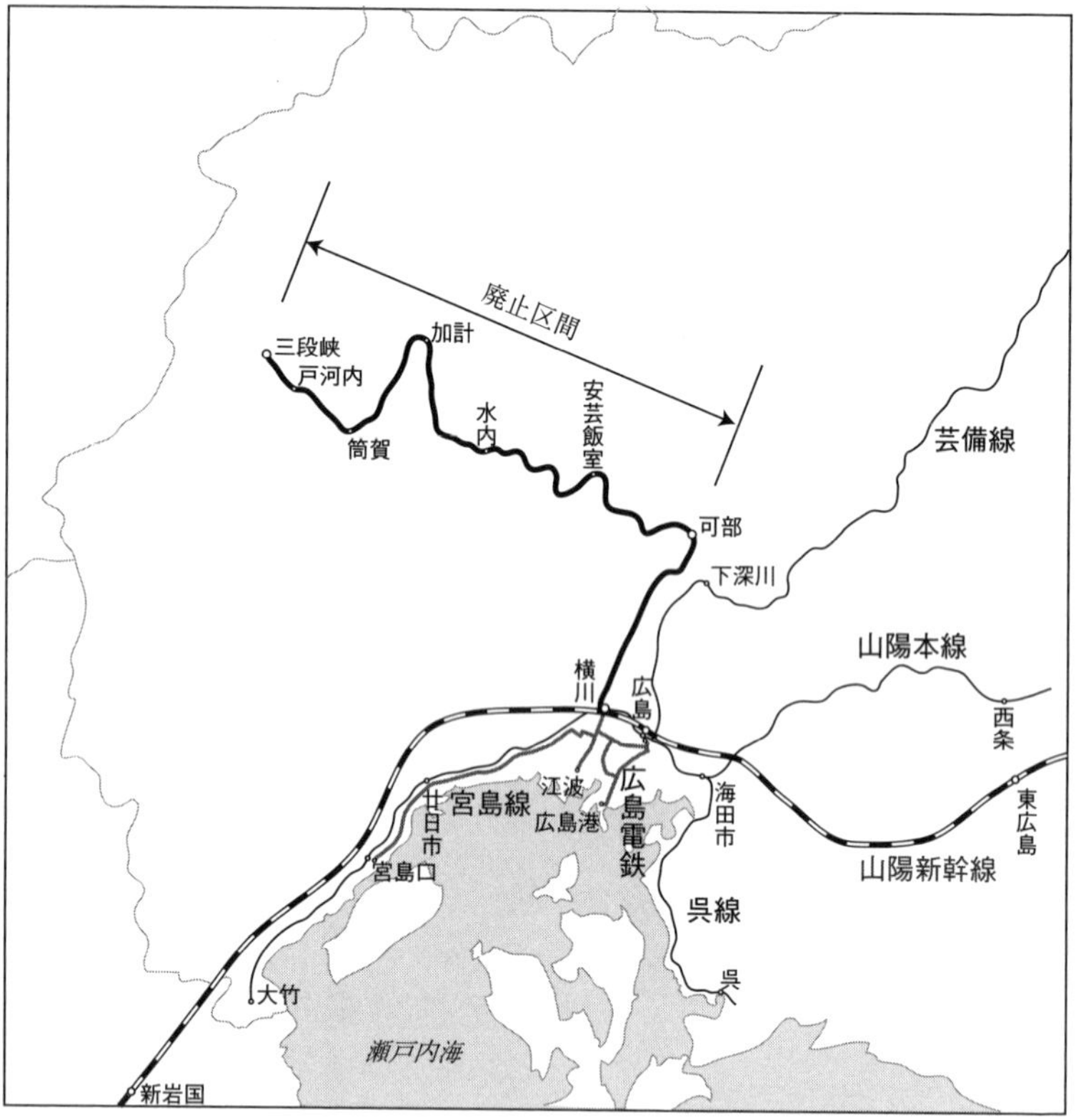

JR可部線

JR山陽線横川駅（広島市西区）から太田川沿いに走る三段峡（戸河内町）までの六〇・二キロ。廃止対象区間は可部から三段峡までの四六・二キロ。一九一九年に可部まで、一九六九年に三段峡まで開通。その後、日本海側の島根県浜田市までを結ぶ計画であった。

線の廃止に波及することは確実で、「可部線の取り組みが地方鉄道全体の存続の布石になる」と全国から多くの人たちが応援に駆けつけました。

可部線の存続運動では多彩な運動が展開されました。沿線各地に運動体ができ、さまざまな運動の担い手が生まれ、ユニークな試みが行われ、都市住民と地域住民の交流の仕組みを作り上げました。

当初、ＪＲ西日本は「試験増便を行い、その期間の輸送密度が、国鉄からＪＲに移行された時点（一九八七年）の八〇〇人まで回復したら可部線は廃止しない」と地元に提示しました。これを受けて地元では、多彩な「乗って残そう運動」を一〇一日間にわたって展開し、目標に近い数字に到達しました。そこで再度期間を定めて試験増便を実施したのですが、乗って残そう型の運動だけでは、利用低迷につながっている根本的な要因の改善をともなわないため、長期間にわたって高いレベルの数字を維持することは難しく、次第に数字の低下が見られるようになり、「乗って残そう運動」の限界が現れてしまったのです。こうして二〇〇二年一一月、ＪＲ西日本は国土交通省に、可部線の可部（広島市安佐北区）～三段峡（広島県戸河内町・現安芸太田町）間の鉄道事業廃止届を提出し、二〇〇三年一一月末の廃止が決まりました。

可部線「花の駅」として知られた安野駅（賀中義隆氏提供）

しかし、これ以降、ＪＲは輸送密度だけを基準に廃止を示す方法を採らなくなりました。後述する富山港線のＬＲＴ化のように、提案を携えて地元と十分に議論を尽くすという方針転換が見られるようになったのです。こうした変化は、関係者全てが後味の悪さを味わい、労多くして功少なかった可部線廃止の経緯が影響していると見られます。その意味では、この運動は有効だったといえるでしょう。

「次の運動」へ

こうした成果はありますが、現在のＪＲ、特に東日本・東海・西日本は民間企業です。民間企業に対して、不採算路線の維持を求めることは無理があります。国も交通政策の見直しを進めていますが、現時点で地方鉄道を維持するには、住民が了解したうえで税金を投入し県や沿線自治体がかかわって地域ぐるみで残す、という方法しかありません。各地でしばしば乗って残そう運動が展開されますが、それに加え、住民と県、沿線自治体が関与して持続可能な「残す仕組み」を地域でつくり出していく運動が必要になるのです。

可部線の一部区間の廃線届が提出された後、地元では落胆が広がり、存続運動は沈滞しましたが、別に存続運動の新たな担い手が生まれました。「可部線の再生と存続を考える会」が結成され、その会を中心に情報を集め勉強を重ねるうち、「提案型市民活動」の必要性に気づき、新たな活動を展開することになります。

判明した廃止の本当の理由

ＪＲ可部線の廃止対象区間には、広島市の中心部から二〇㎞程度と距離も近く、広島市のベッドタウンとして宅地化が進んでいる地域を含んでいます。近くにまとまった戸数の団地も複数存在します。コスト削減とサービス向上、増収施策を効果的に実施していくことにより、鉄道経営は可能と考えられました。三段峡や太田川沿いに走る車窓風景も、観光資源として十分な魅力があります。ＪＲ西日本には、これらの諸条件を有する可部線よりも条件の悪い線区はいくつもあるのですが、真っ先に可部線が廃止対象になったことに多くの人々が疑問を抱きました。

ＪＲ西日本は、廃止の原因を単に赤字だからと説明してきました。しかし、それが本当の理由でないことに多くの人が気づいていました。本当の理由は、道

可部線終点の特別名勝「三段峡」

路とは異なり、鉄道には老朽化した線路や、鉄橋、トンネル、崩落危険箇所の擁護壁の更新などに充てる財源の枠組みがないことだったのです。

道路の場合、地方は補助金や地方交付税というかたちで国から財源の交付を受けて事業化できます。これに対して、鉄道の地方線区には、事業の継続に必要な、最低限の設備投資を可能にする枠組みが、当時はほとんど存在しなかったのです。このため、鉄道を廃止して、道路の拡幅や代替道路の建設をせざるをえなかったという事情があります。

独自の試算では、鉄道の赤字額は代替バスと同程度

可部線は、全体（横川〜三段峡）で見れば大きな赤字ではない可能性がありました。JRは、廃止対象区間（可部〜三段峡）を年間六億円の赤字、非対象区間（横川〜可部）を年間五億円の赤字と発表した一方で、「非対象区間の赤字は問題ない」と表明していました。

JRの路線別収支の計算方法は「按分方式」です。これは、本社経費や会社全体にかかる保線などの維持経費を路線の長さなどの割合に従って割り振るという計算方法で、したがって各路線の現実の経費を計算しているわけではありませ

按分

基準になる数量に比例した割合で物を割り振ること。（広辞苑より）

ん。収入面でも、支線分岐駅における運賃収入を幹線に属する分とする取り決めもあります。しかし第三セクター化されれば、路線単独の収入と経費が反映されるようになります。

可部線も存廃が議論される過程で、もちろん第三セクター化が検討されました。その結果、年間およそ二億一〇〇〇万～三億八〇〇〇万円の赤字が見込まれるということから、県と沿線自治体は第三セクター化を断念し、バス転換を決めました。

通常、ＪＲや大手民鉄ではしばしば「経費の按分」が用いられます。自治体が第三セクター化を検討する際、ＪＲが按分で算出した経費をそのまま採用し、また、そのなかで大きな割合を占める人件費も、職員の給与水準が高いＪＲや大手民鉄と同じ設定で試算されている場合があるので、検討の内容が妥当であるかどうかを判断するにあたっては注意が必要です。第三セクター鉄道では、より少ない人件費でも運行することが可能です。このほかにも、上下分離により、線路などの設備に課せられる固定資産税の負担が不要になることや、代替バスへの補填額として想定される金額の鉄道への補助、新駅の設置、より便利なダイヤへの改善、直通運転、パーク・アンド・ライド（Ｑ19参照）の導入など乗る仕組みと乗せる仕組みの徹底により鉄道再生のために課せられたハードルを越える材料はいろいろとあるものです。

　可部線の廃止届が出た後、沿線の住民グループは、こうした情報を収集・分析し、県と沿線自治体で作成した検討資料の細かな見直しを行い、独自に試算しました。その結果、第三セクターの赤字額は年間八八〇〇万円で済むという結論を得て、赤字額は鉄道とバスでは同程度になると結論づけたのです。これをもとに、県と沿線自治体に対して可部線廃止対象区間（可部〜三段峡間）を「新鉄道として再生」することを提案しました。

問題への理解と運動の盛り上がり

　可部線のこのような第二期の存続運動が始まったのは、ＪＲ西日本が廃線届を提出した後のことです。沿線では「もう決着がついてしまったこと。今さら何をやってもむだ」という冷ややかな見方が大半でした。しかし、メンバーがつてを頼って地方鉄道問題で活躍する学識経験者に指導を仰ぎ、あるいは他の市民団体に協力を求め、また、ホームページで活動紹介をしていくうちに協力者が現れはじめます。

可部線存続運動の再開

その間、メンバーたちは地域の公民館や集会所を回り、地区の人に呼びかけてミニ説明会を繰り返しました。当初は人が集まりませんでしたが、それを繰り返すうちに参加者・スタッフともに増え、新聞やテレビの取材も入ってこの活動が広く知られるところとなりました。廃線期限直前の二〇〇三年一一月一五日には、加計町（現・安芸太田町）の「川・森・文化交流センター」のホールで開催された説明会に二〇〇人の参加者が集まり、「可部線を残して！」という客席からの発言が相次ぐなど、会場は熱気に包まれました。

ここで重要なことは、メンバーが県・沿線自治体の可部線問題検討会資料を精査し作成した企画・試算書が一定の評価を得たこと、可部線問題が今までとは違う視点で正確かつわかりやすく解説されたこと、さらには地方鉄道全般の廃線問題とそのなかでの可部線問題が位置づけられ、可部線の将来価値がきちんと提案されたことです。これらの情報は、すべて配布資料として作成され、出前説明会で地道に広く住民に提供されています。情報が行き渡るに従って、この問題と存続運動に対する理解者が増え、運動が盛り上がり、地域の運動に発展していったのです。残念ながら、時間切れとなり、廃線期日の二〇〇三年一一月三〇日を迎え、可部線は廃線となりました。

しかし、住民グループは断念しませんでした。地元でも、鉄道の復活・再生を求める声は絶えませんでした。住民グループは「太田川流域鉄道再生協会」を設立し、鉄道を再生するための基金募集運動を行い、住民が持ち寄った一〇〇〇万円の資本金を以って、二〇〇四年四月、鉄道会社「太田川鉄道株式会社」を設立。鉄道の復活と運行開始の手続きを進めました。

この取り組みは、その後終焉を迎えます。町村合併にともなう町長選挙で、鉄道再生を推進する候補者が敗れ、幕引きがなされたのです。官民協働を目指し、住民自ら学習を重ね、手をつくしたものの、結局、行政を動かすには至りませんでした。可部線に限っていえば存続運動は成果をあげられなかったといえます。しかし、そこに至るまでの一連の取り組み—すなわち住民みずからが他の地域の事例やさまざまな情報を集めて学習し、地方鉄道を取り巻く問題の整理と、運動論の再構築をさらに進めたこと、および、住民が基金を集め、あるいは鉄道会社を設立したことなどは、その後の全国各地の取り組みに受け継がれ、一部は他の地域での成果につながっていきました。その点では、むしろ全国的な鉄道復権の動きに貢献したと評価されます。

太田川鉄道株式会社

二〇〇三年一一月末に廃止となったJR西日本可部線一部区間（可部〜三段峡四六・二㎞）に再び列車を走らせようと、地域再生の願いをこめ、沿線住民が二〇〇四年四月に設立した鉄道会社。資本金一〇〇〇万円は住民が私財を投じた。JRから施設一式を無償譲渡された沿線自治体から施設の使用が許可されなかったため、鉄道事業特許申請書が提出できないまま、二〇〇四年一〇月の加計町・戸河内町・筒賀村三町村合併により発足した安芸太田町の町長選挙の結果をもって解散した。

廃止後の状況

可部線の廃線は観光客の減少や人口流出、商店街の衰退などの連鎖をもたらしました。広島県を代表する観光地、三段峡の観光客は、存廃問題が発生する前の一九九六年は一八万四〇〇〇人、最終年の二〇〇三年は廃止を惜しむ乗客で二七万三千人に増加しました。しかし、廃止翌年から急激に減少し、二〇〇七年は約一二万一千人にとどまりました。また、観光客の滞在時間も短くなっており、地域経済の明らかな縮小が見られます。

三段峡サミットと岐阜会議

全国で鉄道の存続運動に取り組む市民団体、学識経験者、鉄軌道事業者などが多数参集し、二〇〇四年一一月七日、「三段峡サミット」が、廃線一年後の可部線沿線（戸河内ふれあいセンター・メイプルホール）において開催されました。これは、可部線再生の取り組みの一環として、また前日に開催された「第一回鉄道まちづくり会議」（島根県平田市・現出雲市）のサブイベントとして、企画・開催されたものです。

三段峡サミットでは、地方の厳しい財政運営や経済環境により鉄道の廃止が

三段峡サミット（谷村はるか氏提供）

加速していくなかで、住民に何ができるのか、いま何をする必要があるのか、といったことが議論されました。この会議の中で、当地の「太田川流域鉄道再生協会」や「太田川鉄道株式会社」などの取り組みが、全国における先駆的な取り組みとして紹介され、これをきっかけに全国的な鉄道存続再生支援の枠組みを構想する必要がある旨が話し合われました。

このとき、パネルディスカッションのコーディネーターを務めたのが、路面電車と都市の未来を考える会（ＲＡＣＤＡ）の岡将男会長です。パネリストには、岡山電気軌道常務取締役（現専務取締役）の礒野省吾氏も参加していました。

翌二〇〇五年二月二〇日、三段峡サミットでの議論をさらに深める目的で、「鉄道インフラ活用全国会議（通称・岐阜会議）」が開催されました。場所は、名鉄岐阜市内線などの廃線を直前に控えた岐阜市柳ヶ瀬（シネックス地下・大ホール）。この会議の参加者に、ＲＡＣＤＡ会長・岡氏、岡山電気軌道常務・礒野省吾氏が顔を揃え、鉄道まちづくり会議事務局長・上岡直見も加わりました。会議では三者を中心に、問題点を洗い出し、当面、鉄道存続再生の支援を進めていく方法などが議論されました。実は、この会議で話し合ったことが後日、岡山電気軌道による南海電鉄貴志川線存続の後押しにつながることになります。

南海電鉄貴志川線の存廃問題と岡山電気軌道

大手私鉄による支線区の廃止方針の打ち出しが相次いでいた二〇〇三年一一月、南海電鉄が貴志川線に関する廃止の方針を打ち出しました。

この問題が、翌二〇〇四年九月、NHK番組『難問解決！ご近所の底力』で全国放映されました。番組のなかで地方鉄道の実態と地域の足を守るための解決策や事例が紹介されたことで、貴志川線の存廃問題を議論するために必要な情報が地元に行き渡ることになり、存続運動は急速に盛り上がっていきました。

その経緯は後述のコラム⑧（一六〇ページ参照）に掲載していますが、和歌山で起きた住民活動は、全国で活動する交通まちづくり市民団体のネットワークへと連携してゆきました。一方、前述の岐阜会議の参加者の間で「和歌山の動きを支援できないか」という検討が行われ、同会議に参加していた岡山電気軌道の礒野氏に対し、和歌山支援の依頼がなされたのです。

その直後、「貴志川線の未来をつくる会」と「WCAN（和歌山市民アクティブネットワーク）」の連名で、岡山電気軌道に支援依頼書が届きました。岡山電気軌道は、住民の「貴志川線を自分たちも責任をもって支える」との決意を確認し、和歌山市が公募していた貴志川線の事業継承に名乗りをあげることになったのです。その結果、岡山電気軌道が、貴志川線の鉄道継承事業者に決まり、同社は和歌山に子会社「和歌山電鐵」を設立、貴志川線の運営を引き継ぎ、その後の目ざましい展開につながることになります。

名鉄岐阜市内線・揖斐線・美濃町線・田神線の存続再生運動

二〇〇三年一月に名古屋鉄道が廃止を表明し、二〇〇五年三月に廃止された岐阜市内線・揖斐線・美濃町線・田神線（以下岐阜四線）に関する経緯は多岐にわたりますが、ポイントは次の五つに要約されるでしょう。

①存廃問題が起きた当初、岐阜市が存続の合意形成を試みたものの、岐阜市内の軌道区間における走行環境を改善することが困難であるという問題が絡み、合意形成が進まず、市長の判断によって存続が断念された。②廃止後は、その政治的な決定が堅固な壁となる典型的な事例となった。③関市でショッピングセンターを運営する企業が、存廃問題発生以降、「この地域から鉄道をなくしてはならない」として鉄道継承を模索していたが、廃止後まもなく、新鉄道設立のための組織を立ち上げ、多額の資金の拠出を表明し、鉄道事業特許を申請することにより、県や沿線市町、住民に対し、鉄道の将来価値を示し、地域のあり方、鉄道

の意味について、再度議論を行うよう促した。④岐阜市民を中心に、可部線の取り組みに習って市民基金を立ち上げ、一時はその基金の総額が一二〇〇万円に達した。⑤線路が撤去された現在も、それらの流れを汲む活動が継続されている。

しかし、結果として岐阜四線の存続運動は、官民協働にたどり着くことはできず、住民の運動の盛り上がりも十分ではなかったため、成果につなげることはできませんでした。自治体において、鉄軌道に対する評価や、役割分担のあり方などについての検討が、果たして合理的に行われたのかという点を指摘する声もありますが、存続運動を行い、あるいはこの問題に関与した人たちから、ここで展開された取り組みについて、以下のように総括されていますので紹介します。

「それぞれの段階で、これらの取り組みに参加した多くの人たちが、存廃問題が発生した早い段階で出会い、一体となって活動していれば、もしかしたら、四線存続・再生の合意形成は可能だったかも知れない」。

岐阜市は人口四〇万人余の県庁所在地です。その都市と、隣接する人口七万七〇〇〇人（廃止当時。その後合併により九万五〇〇〇人）の関市などの都市を結び、一日に約一万人の乗客を運んでいた鉄道が廃止された事態と、関係者の総括を、重く受け止める必要があるでしょう。

旧岐阜市内線（小林一也氏提供）

茨城県における取り組みと、ひたちなか海浜鉄道の開業

二〇〇一年以降、茨城県では日立電鉄、鹿島鉄道、茨城交通湊線の三つの路線の存廃問題が相次いで発生しました。三つの事例を合わせるとこの本の中で詳述することは困難なので、概観を述べることにします。

茨城県も典型的なクルマ社会で、当地の存廃問題の発生もクルマ社会を象徴する問題といえるでしょう。日立電鉄が他と異なる点は、同社は、日立製作所の子会社であり、同製作所の企業城下町である日立市で、従業員の通勤の足として運営されていたことです。しかし、さまざまな事情でその役割が縮小し、京福電鉄の事故をきっかけに国が実施した「施設安全性緊急評価」により、安全確保のためには多額の設備投資が必要なことが判明したことから、廃止が決定されたという経緯がありました。もちろん、当地でも存続運動が展開されましたが、企業城下町における企業の影響力は大きく、その決定を覆すには至りませんでした。ただ、存続運動に取り組んだことで、企業城下町という地域社会において、交通以外にも病院などの多くの社会基盤を、一企業に依存することの問題の大きさに市民が目覚めたことは地域にとって貴重な体験であった、と運動の中心となった人たちは証言しています。

次に、鹿島鉄道の存続運動では、沿線の中学・高校に通う中学生と高校生が長期にわたって活発な活動を展開しました。小川高校の生徒が沿線の八つの中学校・高校の生徒に呼びかけ、「かしてつ応援団」を結成。署名活動やイベント、行政への働きかけなどを展開し、地域に大きな反響を呼びました。中高生の連携は日立電鉄の沿線の高校にも及び、茨城県の大勢の中学・高校生が地域社会の問題に取り組みました。「かしてつ応援団」は、その活動が高く評価され、二〇〇三年に「日本鉄道賞」の特別賞を受賞しています。

ところが、鹿島鉄道沿線では、大人も「鹿島鉄道を守る会」や「鹿島鉄道存続再生ネットワーク」を設立し、啓発活動や枠組みづくりの活動を進めましたが、運動が大きく盛り上がることはなく、鹿島鉄道は二〇〇七年に廃止されるに至りました。「つくばエクスプレス」の開業によって親会社の関東鉄道の経営に大きな影響が出たことにより、それまで経営を維持してきた鹿島鉄道の廃止が決定されたのです。

この地域の中学生や高校生が中学・高校時代から地域社会の問題に取り組んできたことは、彼らにとっても、地域にとっても、大きな財産となるでしょう。

茨城交通湊線の事例では、沿線住民が「おらが湊鐵道応援団」を結成し、活

旧鹿島鉄道

動を展開すると同時に、茨城県やひたちなか市が大きな役割を果たしました。ひたちなか市はコンサルタントに委託して再生案を作成、湊線の将来価値を住民に対して明確に提示しました。また、かつての鹿島鉄道存続再生ネットワークの代表は、県やひたちなか市に協力し、鹿島鉄道の存続運動で知り合ったＲＡＣＤＡ高岡のメンバーを招いて、県、ひたちなか市、経済団体、住民などに、高岡で展開された住民合意形成の経緯や、その要点などを伝える活動を仕掛けました。これらの多様な取り組みが相乗効果を果たし、運動は大きく盛り上がり、湊線は存続が決まりました。そして二〇〇八年四月一日、住民参加の仕組みを加えた第三セクター（一二六ページ脚注参照）と表現することもあります）のひたちなか海浜鉄道が設立され、運行は継続されました。

ひたちなか市の担当者は、その過程で、ＲＡＣＤＡ高岡のメンバーの勧めで富山ライトレールと万葉線を視察し、万葉線㈱の吉田千秋氏と出会い、感銘を受けたといいます。吉田氏は、その後、ひたちなか海浜鉄道の社長に公募により就任、以来、さまざまな施策を展開し、現在湊線の乗客は増加を続けています。

【事例六】北海道ちほく高原鉄道の存続運動と秋田内陸縦貫鉄道の取り組み

北海道ちほく高原鉄道ふるさと銀河線の存廃問題は、道庁と沿線自治体とで設立した経営安定基金の一部が、低金利政策の長期化によって底をつくことで表面化しました。道庁は二〇〇三年、財政運営が厳しいため、鉄道存続への国の支援制度がなく、バスに補助制度があることを説明し、廃止方針を示しました。

沿線住民は「ふるさと銀河線存続運動連絡会議」や「ふるさと銀河線再生ネットワーク」を結成、鉄道の活性化案を作成し、沿線首長や住民に提示しました。住民総決起集会を開催し、沿線首長を巻き込んで存続運動を活発に展開していきました。運動は盛り上がり、廃止を急ごうとする道庁のスケジュールをしばしば延ばすこととなりましたが、道庁の財政難を背景とした政治的決定の堅固な壁を崩すには至らず、同線は二〇〇六年四月二一日に廃止されました。

しかし、同線の存続運動に参加したメンバーが、二〇〇四年から存廃が議論されていた秋田内陸縦貫鉄道の存続運動に参加します。そこでは、ふるさと銀河線の存続運動で構築されたノウハウが早い段階から機能し、議論に必要な客観的な情報が提供され、鉄道の積極的な利用を啓発する活動が展開されました。この取り組みが地域住民の運動とかみ合い、県や沿線自治体、事業者のさまざまな取

秋田内陸縦貫鉄道（大穂耕一郎氏提供）

り組みの成果もあり、運動が盛り上がっています。秋田県議会における二度の存廃論議も存続の方向でまとまっています。他の地域で培った存続運動の経験が活かされた事例といえるでしょう。

総括と検討課題

ここで取り上げなかった地域も含め、各地の存続運動を振り返ってみると、鉄道が残った地域でも、自治体の関係者に聞くと、ぎりぎりの判断だったことを聞かされることがあります。何らかの〝偶然〟が作用した場合もあります。ただ、不断の努力がなければ、どこも存続などありえなかったことは確かです。自治体が議論の扉を開けている限られた時間のなかで、地域が一体となって鉄軌道を支える合意を形成できなかった例も多く見られます。

今後の、鉄道存続運動の課題として、まず、上下分離（Q10、11、27、28の項を参照）という概念の浸透をはかることが急務でしょう。そのうえで、なるべく早い段階で、住民が乗って支える意志を持ち実践することと、自治体と事業者が乗るしくみづくりを行うことをお互いに確認し、サービス低下と乗客減少の悪循環を断ち切り、再生する方策を見出すことが、存続運動の前提になります。そして、来るべき新しい時代の地域戦略を描き、そのなかで鉄道をあらためて位置づける必要があるのではないでしょうか。つまり、地域において、「鉄道を残す理由と維持していく具体的な方法」を見つけだすことです。

しかし、上下分離など前述の取り組みを以ってしても、存続という結論を引き出すのが困難な場合もあるでしょう。比較的輸送密度の小さな線区・末端区間において既存の鉄道施設を有効に活用しようとするケースや、有名な観光地において鉄道自体を観光施設として残そうとするケースなどでは、それぞれの地域の力で維持できるよう、デュアル・モード・ビークル（ＤＭＶ）やそれに近い小さな規格の車両を導入して更新コストや維持コストの低減をはかるなど「ダウンサイジング」を模索する必要があるかもしれません。

デュアル・モード・ビークルとは、ＪＲ北海道により二〇〇四年に開発された車両で、鉄道と道路の両方を自在に走ることができ、現在実用化に向け試験を重ねています。開発プロジェクトに自動車メーカーも参画しています。これは閑散線区を廃止せずに鉄道としての特性を活かすことを目的に開発されたもので、鉄道敷設区間は通常の鉄道車両と同等の速度で走り、敷設されていない観光地などにも、道路を利用してそのまま乗り入れることが可能になります。地方鉄道の

デュアル・モード・ビークル（中里俊之氏提供）

新たな可能性を引き出すツールになると考えられています。

あるいは、高速バスなどとの連携輸送態勢を確保したうえで、観光に寄与する際立った需要がある部分を、ひとまずそれぞれの地域戦略のもとで残すことも考えられます。

実際に、思わぬ一打、ちょっとした機転が、起死回生の策を生んでいるケースがあります。地域により、さまざまな事情があり、状況がそれぞれに違います。「鉄道を残す理由」や拠って立つ地域戦略、求める効果もさまざまです。答は決まった形をしていない、というのが実状です。そして、これまで紹介してきたそれぞれの地域での、議論や取り組んできた過程、結果が、受け継がれ、蓄積されてきたことで、それを学んで存続、再生できた鉄道があるのも事実です。知恵をめぐらし、勇気をもって、それぞれの難題に立ち向かってください。そうすれば、どこかの時点で何らかのブレークスルーが起きるかもしれません。

コラム⑧

貴志川線再生の決め手 ——市民・研究者・行政・事業者は何を演じたか?

和歌山工業高等専門学校　環境都市工学科准教授
伊藤　雅

二〇〇三年一一月、南海電鉄は当時運営していた貴志川線（和歌山〜貴志間、一四・三㎞）の廃止方針を打ち出した。その直後にはまず行政が対策協議会を設置し、署名活動などにより南海電鉄に存続のお願いをしたものの、聞き入れてもらうことができず、二〇〇四年八月には廃止の正式発表、そして同年九月には廃止届が提出される事態となった。

南海電鉄により廃止の決断がなされ、地域住民にとっては待ったなしの状況になったちょうどその時、NHKの番組「難問解決！ご近所の底力」の企画として貴志川線が取り上げられることとなり、沿線住民がスタジオで廃線問題について議論し、存続に向けた全国の妙案が紹介されるという機会に恵まれた（二〇〇四年九月二日放映）。これをきっかけとして、出演した住民を中心に「貴志川線の未来をつくる会」が立ち上げられ、二〇〇四年末には会員数五〇〇〇名を擁する一大勢力に発展した。

その後、他路線と比較して鉄道廃止に至る情勢ではないと筆者が示した見解なども参照され、シンポジウムやフォーラムの開催を通じて、住民による鉄道の必要性の理解が進み、存続運動が大きく盛り上がってきた。これと並行して、行政による存続支援の協議が、国、県、市、町、事業者の五者によって断続的に行われ、二〇〇四年一一月の市長発表において、収支シミュレーションの結果と事業者の公募の可能性について言及がなされた。しかしながら、この時点においては、行政による財政負担については否定的な見解にとどまっていた。

一方、学識経験者である和歌山大学経済学部の辻本勝久氏や筆者らも専門的な観点から貴志川線の存続活動を支援するために、和歌山の活性化のために自発的な活動をしてきた「和歌山市民アクティブネットワーク（通称：WCAN）」の一分科会として「WCAN貴志川線分科会」を立ち上げた。そこでは、既存の鉄道存続のための調査資料や貴志川線に並行する道路交通量データの収集を通じて、貴志川線の社会的価値を分析・試算する報告書を作成することとし、二〇〇五年一月に「貴志川線の存続に向けた市民報告書」を公表した。

このように住民の理解とその理論的バックボーンが出揃い、存続に向けた住民の意思がより明確になったところ、二〇〇五年二月四日に県・市・町による貴志川線存続支援策についての枠組みが発表された。

この存続スキーム（表）では、鉄道事業に行政が参加するのではなく、民間事業者が自立して運営できるよう、鉄道用地を行政が買い取り、無償提供する。また、行政が運営にともなう赤字補塡を行うという「支援に徹している」点に特徴が見られる。そして、鉄道事業を引き継ぐ民間事業者を「公募」するという、日本では初めての試みを行った点の二点に大きな特徴が見られる支援策となった。

二〇〇五年二月から三月にかけて事業者の公募が行われたが、地域住民としては、住民とともに鉄道を一緒に支えてくれる事業者に来てもらいたいという思いから、地域公共交通の経営に定評のあった両備グループに白羽の矢を立て、存続を支援してきた住民団体の連名で応募依頼状（通称：ラブレター）を差し出した。このことが、両備グループの岡山電気軌道の応募意思決定に大きく貢献することとなった。事業者の公募には、最終的に七企業、

表　貴志川線支援の枠組み

和歌山県	
・鉄道用地取得費を全額負担（約2.4億円） ・将来の大規模修繕費として2.4億円を上限として負担 ・県は鉄道運営の主体として参画しない ・両市町が10年以上運行を担保する	
和歌山市・貴志川町（現・紀の川市）	
・鉄道用地は市と町が保有（固定資産税の免除） ・運行事業者への赤字補塡について、市が65％、町が5％の割合で、8.2億円を上限に10年間負担する ・県の協力のもと、運営を引き継ぐ民間事業者を公募する ・可能な限り民間の協力を得て、利用促進に努める	

二個人の計九者から応募があったが、書類およびヒアリングによる非公開審査の結果、住民の思い通りの岡山電気軌道に後継事業者が内定した。

南海電鉄は当初の申請では廃止予定を二〇〇五年九月末としていたが、廃止を表明した後も、電車に自転車を持ち込む「サイクルトレイン」の試行実験や初詣フリーきっぷの発売など、地元へのサービス提供を積極的に展開していたほか、後継事業者への引き継ぎに関しても大変協力的であり、廃止時期の半年間の延長や後継会社の運転士養成にも協力をした。

このように、一事業者の経営収支の問題に端を発した貴志川線の廃線問題であったが、①沿線人口は安定しており需要が見込める路線であったこと、②従前の事業者であった南海電鉄が事業の引継に大変協力的であったこと、③住民による自立した存続運動により存続に対する合意形成がなされ、行政の意思決定への強力な後押しとなったこと、④これを受けて行政による支援策の立案及び提示がなされたこと、そして⑤住民の意思を汲んで事業を引き継ぐ意欲のある事業者がいたこと、といった要因が存続につながったものと考えられる。

こうして和歌山電鐵貴志川線は、地域住民の後押しによる存続の実現、全国初の公募事業者による運営といった話題性の中で、鉄道再生事例として全国から注目されながら二〇〇六年四月一日の開業を迎えたのであった。

和歌山電鐵いちご電車（松原光也氏提供）

Q18 「反対運動」に終わらず、もっと積極的に存続をめざす方策はありませんか

廃止反対運動では効果が乏しいケースがみられます。より多くの関係者の力を集めて積極的に存続をめざす方策はありませんか。

存続運動は廃止反対運動でもケンカでもない

鉄道の存続運動はややもすると「廃止反対運動」になりがちですが、そのかたちをとると、行政や住民などの共感を得ることは困難です。また、「乗って残そう運動」「事業者への存続お願い運動」だけでは、鉄道の存続につながっていないのが現状です。過去の存続を果たした実例をみると、「住民はどのような役割を担うのか」ということを活動において啓発《けいはつ》したり、地方議会、行政関係者、学識経験者、実務経験者等と連携した具体的な提案活動が、結果を大きく左右しています。

もちろん、住民のニーズは基本的に主張しなければなりませんが、対立関係におちいらないように注意すべきです。廃止説の論点をよく見きわめ、関係者の

利害や立場を一方的に否定しないような配慮が必要です。

必要な情報を得、必要な知識を身につける

存続運動では、少数の市民だけで行政と交渉していくことはあまり効果がありません。「住民の動き」をつくり、それをマスコミを通じて確実に表に出していくことが必要になってきます。それにはまず、住民が自ら考えるための十分な情報が必要で、住民に伝えていく役割を誰かが担わなければなりません。そしてその情報が行き渡ってはじめて問題について考えることができ、議論が可能となり、住民のコンセンサスが形成されます。

住民の意見を問うかたちで、しばしばアンケート等が実施されることがありますが、結果の解釈には注意が必要です。こうしたアンケートは「鉄道があればあったほうがよい」か、逆に「赤字なら廃止も仕方がない」という二分した結果に終わりやすく、具体性が乏しいので、いずれの比率が多かったからといっても、判断材料として充分ではないのが普通です。

的確な提案を表に出していくには、マスコミを味方につけることも重要です。鉄道の存続運動に理解のある専門家に相談することも有効です。どのような専門

家に依頼するべきかは、各地の活動団体の情報から知ることができるでしょう。ただし、単に知名度や肩書きだけで専門家の助言を求めると、中には公共交通に冷淡で、道路建設促進の意図を持った人物もいるので、注意が必要です。また、鉄道の実務経験者のアドバイスを得ることが必要な場面もあります。

行政の廃止方針が出されても、活動していく余地はまだ十分にあります。なぜなら、住民が存続のコンセンサスを形成した場合、方針を転換せざるを得なくなるからです。最後まであきらめない地元の熱意が、存続という結論につながるケースは全国の事例をみても明らかです。廃止によって多大な影響をこうむる中学生・高校生の意見を取り入れることで、住民が身近な問題であることに気づくことも少なくありません。それぞれの事情に合わせて工夫を凝《こ》らしていくことが重要です。

自治体や住民だけではむずかしいケースも

地方鉄道の存廃問題においては、住民・自治体が鉄道の存続を模索しつつも、合意形成などの取り組みに関するノウハウの不足から、学識経験者や鉄道存続を経験した地域の自治体、ＮＰＯがアドバイスを求められる場合があります。

名古屋鉄道旧美濃町線廃線跡

　また、地域住民の鉄道存続に関する合意が形成され、受け皿となる事業者さえ出現すれば存続できるというケースもあります。その場合、本来なら、万葉線やえちぜん鉄道のように、地域で自治体・経済界・住民が一体となって受け皿となる鉄道会社を立ち上げるほうが、存続後に「住民参加によって鉄道を支える仕組み」を構築しやすいというメリットがあります。これに対して、地域の事情などから行政が事業体の設立にまで踏み込むことができないケースでは、受け皿となる鉄道会社をさがすことが存続の前提になります。

　しかし、これは現実にはなかなか難しく、鉄道を継承する鉄軌道事業者が存在しないことを前提に廃止が決まってしまう場合や、引き受けてくれる鉄軌道事業者が容易に見出せないことが、合意形成を阻んでいる場合もあります。二〇〇三年一一月に廃止されたＪＲ可部線の再生を目指して地域住民が設立した太田川鉄道株式会社では、合意を形成するためには、受け皿となる会社を見つける必要があると考えられたため、地域住民がみずから多額の出資金と基金を拠出して鉄道会社を設立する方法を選択しました。

「地方鉄道再生・ＬＲＴ事業支援組織」の構想

そのような状況の中、各地で地方鉄道の存続運動を進める人たちが連絡を取り合う過程で、全国の同様の問題を抱える地域の住民や、趣旨に賛同する企業が知恵や労力や資金を持ち寄って、地方鉄道の存続を支援する何らかの新しい枠組みをつくれないかという声が挙がり、前述の三段峡サミット、岐阜会議でもそれが議題の一つとして取り上げられました。その会議にはまちづくりや環境など、社会の問題解決に鉄軌道を活かす必要性を認識するさまざまな立場の人たちが加わって検討しましたが、その後議論されたことも含め、以下のような取り組みが必要であることが認識されました。

①鉄道の維持や再生の問題などを抱えるそれぞれの地域が、鉄道存続の合意形成の取り組みをおこなう。

②鉄道の運行を継承する鉄道会社が必要になった地域においては、住民・企業などが地域鉄道会社を設立する。

③一方、それぞれの地域の取り組みを支援する「再生・支援組織」（例えば、全国的な鉄道の活性化・再生、公共交通の維持という動きを支援する鉄道事業者やコ

作成された事業申請書・報告書等

ンサルタント会社、学識経験者、NPO、その分野を含めた地域振興を融資分野とする金融機関などからなるネットワーク）を整え、合意形成の支援、地域鉄道会社設立の支援、事業計画作成・事業特許申請、制度適用のための必要業務、人的支援などを、費用や形態など、それぞれの地域の事情に配慮しながら引き受け、各地の地域鉄道会社を支える。

④「再生・支援組織」は、証券会社などと連携し、全国の個人や企業が、環境問題、高齢社会における移動制約問題、都市の郊外拡散による自治体財政の圧迫などの社会問題を解決する社会貢献活動の一環として地域鉄道会社に出資・投資を行う枠組みをつくる。金融機関もみずから融資を行う。

全国で鉄道の廃止が相次ぐなか、全国レベルで資金、技術・ノウハウ、人・支援企業が集まる仕組みをつくるというのが、この構想の趣旨です。しかし、前述の④からすれば、この枠組みによる鉄道再生・LRT化は、むしろ存廃問題に限定せず、各地の鉄道再生・LRT化計画に、それぞれの地域の自治体や鉄軌道事業者と連携して関与していくことも考えるべきかもしれません。

三段峡サミット（旧JR可部線）
（小林和也氏提供）

枠組みが機能するための前提

ただ、この枠組みが機能する前提は、第一に、地域において、自治体と住民の協働が成立し、さらに鉄道存続の合意が成立することです。住民合意がなければ、当然ながら存続後に鉄道を支え、乗ってくれる住民がいないため、鉄道を維持・再生していくことは不可能だからです。第二に、地域全体における観光やまちづくりなどの地域戦略を策定すること。第三に、地域が一体となって、国の公共交通活性化・再生への支援の枠組みを利用して対象路線を高度化・ＬＲＴ化するなど、再生の枠組みをつくり、ハード・ソフト両面での乗る仕組みづくりなど、積極的な取り組みがなされることです。つまり、それぞれの地域がみずから鉄道を支える意思を持つことが前提になる、ということです。

端緒となる取り組み

貴志川線のケースでは、岡山電気軌道が「再生・支援組織」の役割を果たしました。しかし、同社は、「条件が揃い、自らリスクをとることができた今回のようなケースは例外的」としています。地域のこのような取り組みをすべて岡山電気軌道に委ねればよいということではありません。ここ数年、本書の関係者のネットワークが、合意形成やそれに関連する業務について支援を求められ、鉄道事業者やコンサルタント会社と連携する事例が出てきています。それらをこの構想の端緒として、長期的に取り組んでいく必要があるでしょう。

コラム⑨

日本一心豊かなローカル線を目指して

和歌山電鐵株式会社　専務取締役　礒野省吾

貴志川線との関わりは、RACDAの全国的な活動により、貴志川線の存廃問題について、和歌山の市民団体とお付き合いしていた方から「岡電さんお手伝いしていただけないでしょうか」と打診されたことが始まりだった。その後、貴志川線の未来をつくる会とWCANから連盟で手紙が届き「住民も責任を持つ」との内容が記されており、沿線住民の熱意、また地元自治体及び議員の存続意思の決定、既存事業者の南海電気鉄道の協力意思決定、三者一体となった「存続したいという気持ち」がひしひしと伝わってきた。

当時何件かの地方鉄軌道事業者から相談を受けていたこともあり、将来、地方鉄軌道事業者の生き残り方策のモデルとなることができるならと、可能性を探っていた。同業者が手をあげていないことから厳しい選択ではあるが、これがひいては地元岡山を含め、全国の鉄道やLRTの普及にも繋がるとの弊社社長の強い思いもあった。経営面から見ても、沿線には神社など貴重な歴史財産がある、沿線人口も減っていない、沿線の開発も手づかずになっている、近畿圏をにらんだ集客が見込めるなど、存続に必要な条件も満たしていた。それに加えて、弊社の経営ノウハウならコストが半減できる。このような思いから事業継承の意志を固めた。

二〇〇五年四月二八日、貴志川線後継事業者として選定され、時間がない中、会社設立、譲渡譲受認可申請、全社員の募集と教育、自治体との協議、CI計画（案内施設、制服、車両など）、規則や規定集などの整備と実施事項が山ほどあったが、南海電気鉄道の多大な支援と現場社員の死に物狂いの奮闘で、何とか二〇〇六年四月一日の開業に漕ぎ着けることができた。

貴志川線では、まず地域との連携を考え、会社組織内へ地元（市民団体・自治体・沿線学校・商工会議所・沿線企業など）の方との運営委員会を設け、地元の意見を経営に反映させることにした。そして、地元の方が貴志川線を誇りに感じられるよう、貴志川町特産品のイチゴをテーマに、二〇〇六年七月に「いちご電車」を製作。これには、地元の方が自分たちの電車だということを意識づけるため、サポーターを募集したところ、わずか二カ月間で二五〇〇人、一〇〇〇万円以上が集まった。また、翌年の二〇〇七年一月には、今では全国的に有名になった「たま駅長」を任命、七月には「おもちゃ電車」が完成した。そして、地元の方の強力なボランティア支援により、駅の清掃活動や美化運動など、年間四九回におよぶイベントを一緒に行ってきた。

和歌山電鐵社員は、現場にいるものはすべて直接社員、職種にとらわれず運転士が改札業務もすれば管理職が運転士もする。地元の活動に応えるため、仕事が終わっての帰り道に時刻表を配布し、清掃活動に社員もボランティアで参加し、相乗効果で利用者の減少に歯止めがかけられ、一九二万人だった利用者数は現在では二一二万人まで伸ばすことができた。

しかし、運営が順調ではなかった時期もある、地元で運営という基本姿勢から、ほとんどの社員を和歌山近県で新たに採用したため、企業風土が根付かず、社内体制を整えながら、多様なイベントを行ってきたこともあり、基盤が出来上がる前に大手企業の運転士募集が重なり労務倒産をしかねない状況に陥ったこともあった。残った社員は、この鉄道を地域のために残すのだという気持ちのみで、過酷な時期を乗り越えてきた。

今後の課題は、利用者を増やすため、パークアンドライドやサイクルアンドライドを増設する、他県からの利用者増策としてイベントを細かく多様に打っていく、地方公共交通に対する世論を、採算ではなく社会便益とか社会インフラという考え方を浸透させていく、補助制度の仕組みを企業努力に見合う補助制度の要望、鉄道運転免許を一般人でも取得できる制度の要望などを続けていきたい。

両備グループの経営理念「忠恕《ちゅうじょ》」(心からの思いやり)、経営方針である、社会への思いやり「社会正義」、お客様への思いやり「お客様第一」、社員への思いやり「社員の幸せ」を軸に実践していくことが貴志川線の永続の道と確信している。車・自転車・歩行者・公共交通機関がバランスよく配置され、あらゆる人が不自由なく街を移動できるような理想の街のあり方、また地球環境保護からも「バス・電車利用で歩いて楽しい街づくり」への転換を提唱していきたい。

貴志川線についても、鉄道存続の一点でなく、自分たちの暮らす街をどのような街にしたいのか、街づくりも含めて、地域の方と共に考え、「日本一心豊かなローカル線」を目指して、維持継続にむけて一丸となって邁進していく所存である。

コラム⑩

経済という視点から

全国路面電車ネットワーク代表
RACDA(路面電車と都市の未来を考える会)会長
岡　将男

鉄道や路面電車の周辺に起こっている問題を考える場合、住民としての視点からだけではなく、違う視点からも見直してみることが必要だ。経済という視点から見ると、この問題の違う側面が見えてくる。存続運動を行うにあたっても、これはじつは重要なことなのだ。いくつかの問題について、経済という視点を通して見た実情を紹介したい。

完全民営化されたJR各社、私鉄各社は、経済グローバル化の中で時価会計の徹底を求められ、減損会計を強いられただけでなく、赤字部門（路線）の整理（廃止）を余儀なくされている。そして大手各社の株主の三〇％程度は外国人株主になっている。外国人株主（日本人も）にとっては、思い入れのない一地方の鉄道廃止には関心はない。これが鉄道やバス路線廃止の背景にある。

宇都宮のLRT計画では、ファンドが中心になってバス会社の再建を行っており、バス会社はLRT建設によって影響を受け売上ダウンになるので、協議会にも参加しようとしていない。韓国・ソウル市のように、バス会社に対してWin・Winのシナリオを提示できなければ、LRTの整備は進まない。

大手鉄道会社の路線廃止の背景には、給与と労働条件をめぐる労使間のかけひきが存在している。存続運動を行う場合、市民団体も行政もここのところのきちんとした数字を把握し、労使の利害調整を行わなければならない。岐阜の路面電車、札幌市交通局のバス民間委託での問題では、こうした突っ込んだ議論がなされていなかった。

和歌山電鉄を受託継承した岡山電気軌道だが、「たま駅長」が大変な話題になっているものの、経営的には焼け石に水である。というのは一〇年で、「最大で」八億円ほどの赤字補塡を受け取ることになっている。ということは、赤字幅が減ったら、補助も減るということである。このままではいくら「たま駅長」が頑張っても将来投資できる内部留保はできないから、一〇年後の廃止の可能性がある。

道路財源の一般財源化が実行されそう（まだまだ不透明）だが、本来渋滞対策の道路建設と、LRTの新設や地方鉄道強化による渋滞対策はセットで行われるべきである。だが地域公共交通活性化再生法による協議会では、まだまだ道路事業と一体化して考えるという面は十分保障されてはいない。今後は、地域が公共交通分担率の将来を予測し、道路事業と公共交通事業の選択をしていかなければならない。

経済グローバル化による所得間格差の問題では、所得再分配としての公共交通重視政策をやっていかなければ、地方都市では低所得者層は労働の機会を失ってしまうと、東京大学の神野直彦教授が指摘している。

クルマの維持費が年間六〇~八〇万円かかる。年収二〇〇万円という非正規雇用の若者も増えている。公共交通を前提としない職場が増え、年収二〇〇万円でクルマに乗らざるを得ないケースもある。その場合、可処分所得は月六万円程度。実際には非正規雇用の若者はクルマを持てなくなる。結果、職に就くこともできなくなる。政府はその対策としても、所得の再配分政策として、公共交通を誰もが利用できるよう整備する必要がある。

Q19 鉄道が残れば存続運動は成功なのですか?

今はとりあえず線路が残ったとしても、また数年後に同じ問題がおきるのではありませんか。そのときまた同じことをするのですか。

存続運動は意思表明

鉄道の存続運動は、「存続したら終り」ではありません。住民が、自ら鉄道を支え、活用し、活性化させていく取り組みの出発点になります。つまり、存続運動は、その意思表明をすることを意味しています。

もちろん、常に存続運動をしていかなければ鉄道が維持できないというのでは労力の負担に耐えられません。それよりも、住民と都道府県・沿線自治体が「乗る仕組みづくり」に取り組み、使いやすい鉄道、使いやすい公共交通網にしていく努力が必要になります。そのうえで、地域全体で鉄道を利用し、「自分たちの鉄道」として育てていくことが重要です。存続運動が盛り上がらなければ「存続」という結果にならない理由はそこにあります。存続後に、鉄道を支える人たちがいないと判断されるからです。多くの住民の決意表明と行動があれば、自治体も税金を投入する決断ができるということなのです。それは同時に、存続運動で醸成された市民意識を、「市民参加型のまちづくり」に活かす大きなチャンスでもあります。

存続運動によって生まれた地域の意識と、進化する万葉線の取り組み

　万葉線の存続運動を展開した「路面電車と都市の未来を考える会・高岡（RA《ラ》C《ク》D《ダ》A高岡）」は、万葉線の存続後、北陸新幹線の開業によって高岡市を代表する駅が市中心部を離れた新駅に移ることに着眼し、新旧両駅の位置づけ、および、あるべき交通体系とまちづくりというテーマに取り組んでいます。北陸新幹線の新高岡駅（仮称）は、現在の高岡駅の一・五km南に建設される予定ですが、この新駅への「アクセス交通計画」や、公共交通の広域ネットワーク化を提案する「公共交通再生計画案」、JR城端《じょうはな》線やJR氷見《ひみ》線のLRT化を目指した「LRT未来宣言」などを作成し、さらなるキャラバンを展開しています。

　万葉線のその後について、ここで少しふれておきましょう。生活路線として、都市施設として存続の方針が打ち出された万葉線は、二〇〇一年、高岡市と旧新《しん》

高く評価された万葉線存続の取り組み

　二〇〇三年、全国城下町シンポジウム高岡大会でRA《ラ》C《ク》D《ダ》A高岡が「平成の若き町衆大賞」の最優秀賞のグランプリ受賞。二〇〇五年には、「北日本新聞地域社会賞」を受賞。また、万葉線と市民のパイプ役を務め、数々の利用促進策を打ち出し、地道な乗るしくみづくりを中心的に進めてきた万葉線㈱の吉田千秋氏が、茨城県のひたちなか海浜鉄道㈱の初代社長に就任した。

湊《みなと》市（現在、射水市《いみず》）が中心となって第三セクター会社の「万葉線株式会社」を設立し、翌年二月、加越能《かえつのう》鉄道から事業譲渡を受け、四月一日から正式に運行を開始しました。路面電車を運営するための第三セクター会社は日本初のことでした。

新会社に引き継がれた万葉線は、大きく変わりました。県・両市と新会社が、路盤補修、電停改修などを行い、低床ＬＲＶ「アイトラム」を導入し、万葉線と連携輸送するコミュニティーバス路線も開設するなど、バスとのホーム・トゥ・ホームによる接続などを開始したのです。そして、運賃を一八％引き下げ、割引率の大きな通学一年定期券を発売し、定期券を購入した沿線の大学生への自転車貸与なども実施。まちづくりと連携した施策を次々に打ち出したことにより、万葉線は市民の意識に根付き、乗客が次第に増加していきました。特に、二〇〇四年一月に導入された「アイトラム」は、市民に強いインパクトを与え、「たまには乗ってみるか」という気をおこさせました。これは、万葉線利用者のアンケート結果にもよく表れており、〝乗るきっかけ〟をつくった点で重要な役割を果たしました。

沿線の高岡市と射水市では、乗る仕組みづくりの一環として、イベント開催

万葉線に導入された新型ＬＲＶ

時に万葉線の利用を推進しています。高岡市が毎年開催している「日本海高岡なべ祭」では、開催地を市中心部に変更し、市役所の駐車場と、そこから会場までの交通手段として万葉線を利用するパーク・アンド・ライドの仕組みを整えました。そして、運賃の割引とアクセスについて告知を徹底した結果、多くの人が万葉線を利用するようになり、射水市もイベントを開催する際はこの方法を採用し、成果を上げています。

また、高岡市では市中心部の高岡駅前に再開発ビルを建設してこの中に大規模なホールを設置するとともに、市立中央図書館や定時制高校もここに移転させました。これらは、中心市街地に新たに人を呼び込んだと同時に、そこにアクセスする万葉線の利用を促進する「装置」ともなりました。

クルマ社会化が進んだ地方では、通常、公共交通は住民の意識からほとんど消えてしまっています。そのため、公共交通に地域住民を引き戻すには、サービスの向上はもちろんのこと、「乗る仕組みときっかけ」を提供し、地域説明会による啓発、さらには強いインパクトを組み合わせることが必要です。

万葉線の場合は、存続運動で展開されたラクダキャラバンや、存続後の大幅なサービス向上、地道な乗る仕組みづくり、イベントへの積極的な活用、中心市街地の再開発、市民に強いインパクトを与える車両「アイトラム」の導入など、これらのトータルな取り組みが功を奏したといえます。

万葉線は、事業者の自助努力、行政の関与（支援・仕組みづくり）、住民参加による「地域が一体となって支える鉄道」の典型的な事例の一つです。地方の鉄道が相次いで廃止されている局面で、その理念を打ち出した最初の事例となりました。それまで、事業者まかせだった行政、消極策を合理化として進めていた事業者、万葉線の存在を忘れ去っていた市民、それぞれが大きく変わっていきました。

万葉線の乗客数の推移をみると、そのことがよくわかります。二〇〇一年度（加越能鉄道の経営による最終年度）は、九八万八〇〇〇人にまで落ち込んでいましたが、新会社になった翌二〇〇二年度には、一〇〇万人に回復。その後毎年約三%ずつ増加し、二〇〇六年度は一一四万八四三〇人に伸びています。ただ、二〇〇七年度は、毎年乗客数が増える冬季が、暖冬だったため、前年よりやや減少という結果となりました。

しかし、ここまで順調に乗客数を伸ばしてきたことは、全国の地方鉄道が軒並み乗客の減少を続けているなかで異例といえるでしょう。

住民と行政、えちぜん鉄道が連携して公共交通を活性化

えちぜん鉄道（当時、京福電鉄福井県内路線）の存続運動に参加した「勝山市電車利用促進会議（電車存続対策勝山市民会議から改称）」をはじめとする沿線各地の市民団体は、その後いずれも、「えちぜん鉄道サポート団体協議会」の構成メンバーとして、利用促進や、地域間交流のイベント企画運営、ボランティア活動を行うなど、えちぜん鉄道を支えています。ROBAの会（二〇〇五年四月に法人認証を受け、現在「NPO法人ふくい路面電車とまちづくりの会（ROBA）」）もまた、別の角度から、えちぜん鉄道をはじめとする地域の公共交通を支える活動を行っています。たとえば、「勝山市電車利用促進会議」は、勝山市の古くからの祭事「勝山左義長《さぎちょう》祭り」などの催しを行い、そこに市外の人に電車で来てもらい、また自分たちも電車で他の地域の催しに出かけていくという取り組みを行っています。えちぜん鉄道サポート団体協議会は、定期的にえちぜん鉄道と会合を開き、意見を述べ、アイデアを出すなどの仕組みをもっています。

ROBAの会は、二〇〇二年、県と県内市町村に、約一八〇項目におよぶ「公共交通活性化アイデア集」を作成、提出しました。二〇〇三年には、国の都市再

自転車ごと電車に乗れる「えちぜん鉄道サイクルトレイン」（内田桂嗣氏提供）

生モデル調査事業に選ばれ、「えちぜん鉄道を核とした公共交通の活性化によるまちづくり調査」を実施しています。このほかにも、福井市内・県内のバスと電車の路線を網羅した「ふくいのりのりマップ」を二〇〇三年から毎年発行し、福井市中心部での自転車利用に役立ててもらおうと自転車が通行できる歩道などを紹介した地図「ふくいりんりんマップ」を二〇〇八年に作成、さらに公共交通に関するシンポジウムやセミナーなども多数開催しています。

えちぜん鉄道の存続では、県と沿線市町村が役割分担し、県が設備投資、沿線市町村が利用促進と運営に責任を持つという「上下分離」の方式をとりました。乗る仕組みづくりにおいても同様に、県と沿線市町村がそれぞれ施策を展開しています。

具体的には、職員の出張には必ず電車を使うことにし、役所では回数券を購入し保有しています。また、県は、公共交通を便利にするため、県バス協会に委託し、県下の公共交通時刻表のホームページ「ばすでんしゃねっとふくい」を作成し、情報提供を開始しました。さらに車両の導入、路盤・線路の整備、規模の大きなパーク・アンド・ライド駐車場の整備、電車と連携して工業団地との間でシャトル輸送を行うバスの運行、えちぜん鉄道と福井鉄道の間で土日祝日の共通

パーク・アンド・ライド
郊外の鉄道駅に駐車場を設け、そこにクルマを置いて、市街地へは鉄道を利用する。

一日フリー乗車券を発売する際の仲立ちも行いました。

沿線市町村は、えちぜん鉄道に対し、運行経費を補助しています。乗客が増えれば補助が減り、乗客が減れば補助が増えるという仕組みになっているため、沿線の各市町村は熱心に利用促進策を実施しています。学校や自治会などの行事で市外へ出かける際には、電車利用を働きかけ、また、地域の祭りなどさまざまなイベントを企画して、沿線の他の地域から誘客する取り組みを、住民やサポート団体とともに行っています。また、便をよくするため、バスや乗り合いタクシーとの連絡輸送態勢などを整備し、パーク・アンド・ライドの駐車場設置なども実施しています。

えちぜん鉄道も運行開始後、行政との連携も含めさまざまな新しい取り組みを始めました。運賃の一五％引き下げ、土日祝日に限って全線を格安の運賃で利用できる一日フリー乗車券の発売、アテンダントの乗務、主な駅へのレンタサイクルの設置、サイクルトレインの運行、駅と集客施設（商業施設、病院、大学）との間のバスによる連絡輸送、終電時刻の繰り下げ、JRの特急電車との接続改善、新駅の設置など、今までにない乗る仕組みづくりに取り組んでいます。また、えちぜん鉄道はみずからの役割を「地域共生型サービス企業」と位置づけ、

のりのりマップ表紙

えちぜん鉄道のアテンダント（えちぜん鉄道提供）

お客様担当部門を設け、乗客の目線に立ったサービスを提供するという経営努力を行っています。

えちぜん鉄道の存続運動では、沿線住民が議論するために必要な情報が、沿線自治体や学識経験者、市民団体などから十分に提供されました。それによって、住民も鉄道の存廃の議論に参加し、県もそのための話し合いの場を設け、合意形成を行い、決定を下しました。事業者、県、沿線自治体、住民など、地域が一体となって鉄道を支える「福井型上下分離方式」は、住民が公共交通について学び、自分たちの生活や地域について改めて考えることで出来上がったものです。これは、地域にとってたいへん貴重な体験でした。

その結果、住民は、公共交通への利用意識が向上し、地域において公共交通を支える意識改革が進み、行政も鉄道に投資を行いました。そして、ともに鉄道を支えていくための、乗る仕組みづくりとまちづくりが始まったのです。えちぜん鉄道はそれらが起点となって再生の道をまい進し、いまや鉄道存続・再生の全国的なモデルとなっています。

その後、福井では、福井鉄道の存廃問題が起こりましたが、これに対しても地域が協働して取り組みました。福井市では、えちぜん鉄道三国芦原線と福井鉄

新駅の開業

各方面から評価されたえちぜん鉄道の取り組み

二〇〇四年、自治体が施策を競う「善政競争・平成の関ヶ原合戦」で福井県が日本経済新聞社賞受賞。二〇〇五年、えちぜん鉄道が国際交通安全学会賞。二〇〇八年、えちぜん

道の相互直通・LRT化を中心とした、公共交通全体の活性化政策を打ち出しています。えちぜん鉄道をめぐる一連の取り組みの後、ここ福井では、鉄道をめぐる議論や取り組みが、さらに進化しているのです。

駅の移設や統廃合によって、利便性の高い北勢《ほくせい》線へ

北勢線の存続運動で中心的役割を果たした「北勢軽便鉄道をよみがえらせる会」と「阿下喜《あげき》駅を残す会」もまた、北勢線の存続を受けて新たな市民活動に移行しています。

歴史的景観と昔ながらの産業が今なお息づく阿下喜では、古くからの建物、構築物、店舗などを「まちかど博物館」と称して公開しています。両会では、まちの資源を観光客に広く知ってもらうために、まち歩きマップを発行してまちなかを散策してもらう取り組みを行っています。また両会は、北勢線開通九〇周年を迎えた二〇〇四年三月に合体し、「ASITA《アシタ》（北勢線とまち育みを考える会）」と名称も新たにまちづくり市民団体としてスタートしました。

三岐《さんぎ》鉄道の路線となった北勢線は、事業者と沿線自治体が協力することにより、大改良が行われました。まず、駅の移設計画です。北勢線は長く沿線の変化

鉄道が国の「日本鉄道賞」の地方鉄道活性化賞受賞。公共交通と社会の維持の望ましいデザインのモデルとして、各方面から評価されている。

田園地帯をゆく北勢線
（北勢線対策推進協議会提供）

に対応することをしなかったといえるのですが、多くの駅が狭い旧道に接しているため、クルマでの送り迎えに行くことも難しい状況でした。その一つ、大規模団地に近い坂井橋駅も、団地住民と鉄道とは無縁の状態にありました。そこで、駅を、近くの幹線道路に面したスーパーマーケットの駐車場付近に移設し、クルマでの送り迎えができるようにしました。また駅と商業施設が隣接することによって、利便性の高い駅（星川駅）に生まれ変わりました。

北勢線では、こうした施策を次々実施しています。このほか、駅の統廃合を行って所要時間の短縮をはかり、実施後は全線での所要時間が一〇分短縮化されています。これらの施策により、現在、乗客は増加に転じています。

乗る仕組みづくりと、まちづくり

鉄道だけで質の高い公共交通のサービスを提供できるわけではありません。「幹」となる鉄道を、「枝」となるバス路線や、場合によってはクルマが補完することによってはじめて生活に密着した交通体系ができます。鉄道と鉄道、鉄道とバス、乗り合いタクシー、クルマ、自転車といった具合に、乗り継ぎしやすい仕組みをつくるとともに、乗り継ぎに便利なダイヤを実現し、あわせて乗り継ぎに

北勢線星川駅（北勢線対策推進協議会提供）

必要なバスマップや時刻表など、公共交通の利用を喚起するハードとソフトの両面の施策を展開することが有効な「乗る仕組みづくり」となります。住民が無理なくみずからすすんで公共交通を利用し続けることのできる、乗る仕組みを構築することは、持続可能な社会を構築するまちづくりの重要な部分となります。

行政と住民が協働して鉄道存続のための活動を熱心に行ってきた地域では、その意識とエネルギーを、次のステップである乗る仕組みづくりとまちづくりの活動に振り向けることが可能になります。鉄道の存廃問題が、地域に多くの問題を提起し、住民は運動や学習や議論を経験することで地域への関心が高まり、地域に住民参加型の意思決定のしくみを生じさせることにもなります。意識の高まりは、地域の大きな財産といえるでしょう。

コラム⑪

地域が一体で支える

えちぜん鉄道と地域住民の取り組み

えちぜん鉄道株式会社　取締役計画部長　島　洋

「電車を残してほしい」という地域住民の熱い思いがえちぜん鉄道の原点である

地域の熱い思いに応える

二度目の正面衝突事故により電車が運行停止して以来、日増しに高まっていった「電車を残してほしい」という熱い思いは、福井県や沿線九市町村を動かし、地域住民の熱い思いに応えるべく協議を重ねた福井県と沿線九市町村は、二〇〇二年一月二二日、新鉄道会社を沿線九市町村と民間からの出資による第三セクターの会社として設立することで合意しました。福井県は京福からの資産取得費等の初期投資と運転再開に必要な工事費・設備投資費を負担すること、沿線九市町村は、経営に参加し一定枠の欠損補助を行うことで合意しました。

そして同年（平成一四年）九月一七日、第三セクター「えちぜん鉄道株式会社」が設立され、電車の運行再開へと動き出したのであります。

会社設立にあたっては、会社や関係者が地域住民の「電車を残してほしい」という熱い思いにどう応えていくかが議論され、経営者や社員をはじめ関係者の理念として「えちぜん鉄道企業理念」が制定され、翌年（平成一五年）四月いよいよ電車の運行再開へと動き出したのです。

■えちぜん鉄道企業理念

地域、社会との信頼を基本におき、お客様への安全性、利便性、快適性をとおして、地域共生型サービス企業をめざします。

■企業方針

お客様サービスを第一に考えます。

沿線地域と交流するネットワークを創ります。

自己責任を果たし、自立する企業をめざします。

夢と希望のある企業にします。

電車の運行再開

電車の運行再開に向けての大きな課題は「安全確保に関する事業改善命令」を確実に実行し、輸送の安全を確保することでした。京福からえちぜん鉄道へ、鉄道事業免許、資産などの譲渡譲受については、国土交通省、福井県、沿線九市町村の支援により手続きが進められましたが「安全確保に関する事業改善命令」も当社に発出されたものとなりました。

二〇〇二年四月の社員採用により、ようやく会社としての組織を作り上げ早速設備の改修・立ち上げの作業に取りかかりましたが、約二年間使用しなかった施設や車両の傷みは私たちの想像を超えていました。二五両譲渡譲受された車両を専門家に診断してもらったところ、六両が使用できない状況で改修不能と診断されました。線路は通常の赤サビを通り越し黒く腐った色に変色していました。木製のマクラギは腐り、線路敷きには草木が生い茂り、土の部分はモグラに荒らされて保持力を失い、お客様をおもてなしする駅舎は一部で荒れ果てていました。

一日も早い運行再開を望む地域の要望に応えたいものの、こうした状況では全線の同時運行再開は困難と判断し、福井から順に部分的に運行を再開させることとしました。車両の充足状況、設備の改修計画、駅舎の補修計画を勘案し、第一段階として勝山永平寺線の福井~永平寺口間と、三国芦原線の福井~西長田までを運行再開させることで作業にとりかかりました。まずは線路、架線、車両を走れる状態に補修することから始め、補修の終わった所から線路のサビ落としを行っていきました。

そして二〇〇三年七月二〇日、勝山永平寺線福井~永平寺口間および三国芦原線福井~西長田間の部分運行再開にこぎ着けることができました。同年八月一〇日には三国芦原線西長田~三国港間で運行再開、一〇月一九日には勝山永平寺線永平寺口~勝山間が運行を再開し、全線運行再開を果たしました。

地域が一体で支える

運行再開から五年が経過した今日、利用者は毎年右肩上がりで、全国の地方鉄道が利用者減に苦慮する中、注目を集めています。利用者が減り続けて経営難に陥った鉄道事業が、会社が変わっただけで利用者が増えたのではありません。

一九九三年に経営難に陥り、乗る運動や助成等の支援を受けながら苦しい経営を続け、二度の事故により鉄道事業の継続を断念せざるを得なくなったこと、電車の運行停止およびバス代行により生活の一部に支障をおよぼした沿線住民など、一連の経過の中から見えてきたものは、地方における鉄道は、地域の生活に欠かせないインフラですが、交通事業者単独では経営が成り立たないため公的な支援が必要であるということでありま す。このことは、地域には公共交通がないと通学・通院などができない交通弱者が多く、しかしそうした利用者だけでは経営が成り立たないことを意味しています。

これまで地方鉄道や閑散線区では、利用者の減少で経営が苦しくなると人員削減やダイヤ削減を行い、さらなる利用者減を招くという悪循環を繰り返してきました。真に地域に必要な鉄道であるためには利便性の確保は欠かせません。そのためには利用者を増やすしか他に方法はないと思います。県や沿線市町、地域住民が一体となって鉄道を支援し、利用して残していくしかないのです。利用者が増えて営業収入が増えれば県や沿線市町の補助も減らすことができ、利用者の利便性向上のための投資も可能になるのです。地域が一体で支えることが、豊かな地域づくりと地方鉄道の存続に必要なのです。

えちぜん鉄道と地域住民の取り組み

えちぜん鉄道が第三セクターとしてスタートを切る際、考えたことは、電車の運行を元に戻すことではなく、減少傾向が続く利用者をどうやって増やすかということでした。えちぜん鉄道でなければならないとする利用者だけでは、経営は成り立ちません。えちぜん鉄道でもいいという評価から、えちぜん鉄道がいいという評価をいただける利用者を増やすことです。そのためには社員がお客様サービス第一に徹し、利用者はもとより支援をしていただいている国や福井県、沿線市町がえちぜん鉄道はいいという評価をされる取り組みが必要なのです。そして、えちぜん鉄道を利用して残そうという地域住民の支援をいただくことが何より大切なことなのです。

幸いにしてえちぜん鉄道では、電車の運行停止という苦い経験をした地域住民の「電車を残してほしい」という熱い思いが「電車を乗って残そう」という行動に変わってきています。これまで地域が一体となった多くの支援をいただいています。こうした支援が豊かな地域づくりとして実を結ぶよう地域とともに、地域共生型サービス企業をめざしてまいります。

プロブレムQ&A

Ⅳ

地方鉄道はもっと活用できる

Q20 世界の流れは鉄道よりもクルマではありませんか？

世界中の国で、クルマが普及しています。今さら鉄道を整備するよりも、クルマを優先した交通体系のほうが効率的ではありませんか。

世界の脱モータリゼーションの動き

「今はクルマ社会であり、今さら鉄道でもないだろう」という意見がよく聞かれます。ところが世界の流れは異なる方向に向かいつつあります。

世界初の鉄道がイギリスで開業したのは一八二五年です。一九世紀中頃には欧米各地で主要な交通機関として急速に拡がり、日本は一八七〇年代に建設期に入りました。

その後、一九二〇年代にアメリカで始まったモータリゼーションの進展により、自動車交通への移行が急速に進み、鉄道は時代遅れの乗り物という考え方とも同調して、長距離から市内に至るまで鉄道輸送の縮小が起こりました。

しかしながら一九七〇年代に入ると、モータリゼーションの行き過ぎによる、公共交通の衰退、中心市街地の衰退などの弊害《へいがい》が認識されるようになるとともに、石油危機なども契機となって、交通政策の見直しが行われました。鉄道はそのなかにあって、モータリゼーションの弊害を是正するための有効な手段であるとして再評価され、再生して活用する取り組みが始まりました。なかでも時代遅れの乗り物といわれ邪魔《じゃま》者扱いされていた路面電車の改良というテーマに取り組み、「LRT」という、新しい交通システムを完成させたのです。

真っ先にモータリゼーションが進展したアメリカも、今ではむしろ日本よりもモータリゼーションへの反省が強まり、公共交通の重視が実行に移されています。クルマに依存した都市の典型ともいうべきロサンゼルスは、かつて世界有数の路面電車網が張りめぐらされていた都市ですが、一九六〇年代になるとその軌道系公共交通網はすべて消滅しました。しかしロサンゼルスでも、クルマ依存社会の弊害が指摘されるようになり、一九九〇年代には路線網の復活と拡充が始まっています。

日本で始まった新しい動き

日本でも公共交通を見直そうという動きが始まっています。

LRT (Light Rail Transit)

システム全体を指す名称。日本のJRや地下鉄のような通常の鉄道（ヘビーレールという）に対する「軽量の鉄道」という概念にTDMの要素を加えた新しい交通システム。LRTは英語圏の呼称。フランスではトラム、ドイツ語圏ではシュトラーセンバーンと呼ばれている。

LRV (Light Rail Vehicle)

高速走行、高加速・減速が可能で音も静かな軽量の高性能車両。バリアフリーの思想のもと、車両が低床化されているものが多い。

富山市では、ＪＲ富山港線をＬＲＴ化した富山ライトレールが二〇〇六年四月から運行を開始し、さらには富山地方鉄道富山市内線や上滝《かみだき》線を含めたＬＲＴネットワークの構築に取り組み始めています（二一四ページ参照）。

堺市でも、ＬＲＴの整備が二〇〇八年に決まり、廃止が議論されていた阪堺《はんかい》電気軌道の路面電車を、堺市が新設するＬＲＴと直通運転させて活かすことも決まっています。

福井市でも、えちぜん鉄道三国芦原線と福井鉄道福武《ふくぶ》線を相互に直通運転させ、ＬＲＴ化する計画が進められています。

このほかにも、既存の鉄道や路面電車を組み込み、バスと連携することによって、使い勝手のよい公共交通システムを構築しようとするＬＲＴ計画・構想が複数の都市で具体的に進められようとしています。

Q21 地方鉄道の機能をもっと向上させる方法はありませんか?

現在の地方鉄道は車両も古く、スピードが遅くて使い勝手がよくありません。もっと機能を向上させる方法はないのですか。

クルマ中心の交通体系からの転換を可能にするLRT

富山市ですでに導入され、堺市や福井市でも導入が計画・検討されているLRTは、従来の路面電車の弱点をあらゆる面で改善した「次世代型鉄道」です。LRTには、鉄軌道を再評価したうえで、まちづくりと連携して構築される体系的な交通システムという意味合いがあります。

従来の路面電車が担っていた、自動車交通による交通渋滞の緩和、環境負荷の軽減に加え、中心市街地の活性化、バリアフリー化など、クルマ中心の交通体系からの転換を可能にするものです。クルマ社会の弊害にいち早く気づいた欧米では、すでに多くの都市でLRTを導入し、大きな成功をおさめています。そのため、LRTは世界中の注目を集め、日本からもたくさんの人が視察に訪れ高く評価されています。

今後、日本においても、路面電車区間における電車優先信号の導入などによって、定時性・速達性が向上すれば、都市の新しい交通システムを担うとして大きな期待が寄せられています。このような路面電車の整備を推進する動きに対して、これを支援する「軌道輸送高度化事業」の補助など、国の制度も次第に整ってきました。

比較的小さな投資で鉄道が再生

現在、地方の鉄道路線についても、活性化に向けてのさまざまな施策が各地で試みられていますが、ＬＲＴ化は有効な施策の一つと考えられます。ＬＲＴは、既存の鉄道・軌道をそのまま活用できるという特性をもっているため、地域交通を担う次世代型鉄道として期待されています。ドイツのカールスルーエでは、既存の路面軌道区間と近郊のドイツ鉄道（旧国鉄）や私鉄、場合によっては貨物線にＬＲＶを直接乗り入れて、広大なネットワークを小さなコストで形成しました。その結果、利用者は郊外から都市部まで乗り換えをせずに移動することが可能になり、地方鉄道路線と路面軌道区間の双方が活性化して、乗降客数が以

路面電車走行空間改築事業補助

自動車交通からの転換による道路交通の円滑化、環境負荷の軽減や中心市街地の活性化等をはかるため、路面電車の新設・延伸を支援する補助事業。路面電車の走行路面、停留所等の整備に必要となる道路改築費（用地及び補償費を除く）について、所用の負担または補助を行う。

公共交通移動円滑化設備整備費補助

交通事業者が、車両や駅、停留所などのバリアフリー化を行う場合に、国と自治体が補助を行う制度。原則として国が四分の一、自治体が四分の一であるが、低床式路面電車とノンステップバスについては、通常の車両との価格差も補助額算定の条件となる。

前の七倍になった地方鉄道路線が出現しました。この方式がヨーロッパ中に広がり、LRTの一つのモデルとして定着し「カールスルーエ・モデル」と呼ばれています。

カールスルーエでは、中心市街に九路線が集中しています。それが市内だけを走るのではなく、南西方向に約三〇㎞の有名な温泉保養地バーデンバーデンまでドイツ鉄道線を通って乗り入れ、同様に南東方向に約三〇㎞のプフォルツハイムという「黒い森」の入り口の街にも、北東方向に約六〇㎞のハイルブロンという街にも乗り入れるというように、四方八方の街とつながって、近郷近在から多くの人を中心市街地に集め、人口二七万人の地方都市に大きなにぎわいを創りだしています。

このカールスルーエ・モデルの導入が、日本各地で計画・検討されています。日本の地方鉄道路線においても、軌道幅の同じ路面電車が走っていたり、整備が計画されている都市の近郊路線など、従来の鉄道からLRTへのシステムに切り替えが有効なケースが相当数あると考えられます。また、既存の郊外鉄道を都心の重要地点や代表駅に引き込み、交通網や都市の構造を再構築するシステムに活用することも考えられます。

カールスルーエ（Karlsruhe）
ドイツ南西部、ライン川に接する地方中心都市。人口二七万七〇〇〇人（一九九五年現在）。

カールスルーエのトランジットモール

地方鉄道の新たな活路

日本で、行政および市民レベルを含めてＬＲＴの導入構想を掲げている都市は二〇〇四年現在で、全国五〇カ所以上におよびます。もしこれらが次々と具体化すれば産業界にとっても魅力あるビジネスとなるでしょう。現存する路面電車は一八都市なので、それ以外は新たに敷設されることになります。これほどまでに各都市が導入を構想している理由は、かつてのような古い路面電車に対する郷愁《きょうしゅう》や、文化財的な価値ではなく、都市の経営と連動して、「都市を活性化する装置」であることが欧米各地ですでに実証されているからです。

日本でも、カールスルーエのように既存の鉄道網を活用することで、レール敷設をゼロから始めるよりも安価にＬＲＴを導入し、まちづくりを行うことが可能です。地方鉄道は、これからの時代に向けての大きな潜在能力を持っているといえます。そこに、地方鉄道や路面電車を「赤字だから」と即座に切り捨てるべきではない理由の一つがあります。地方鉄道は世界中で急速に普及しているＬＲＴと決して無縁ではなく、不十分な投資しか行われなかった現在の姿だけで判断するのは、都市においても、日本社会においてもマイナスでしょう。

国内の路面電車の状況（国土交通省資料等より）

日本でも導入が始まったＬＲＶ（広島電鉄提供）

コラム⑫

熊本電鉄LRT化計画とその後の経緯

熊本大学大学院自然科学研究科　教授　溝上章志

熊本電鉄は、線路延長が九・七km、駅数一三、単線・狭軌の地方民鉄である。残念なことに、都心まで北約一kmの藤崎宮前駅で終点となっており、都心を走る市電との結節性や運行サービス水準が劣る。そのため、乗車人員は四五〇〇人／日程度であり、昭和二八年以降五四年間、鉄道部門は連続赤字経営を続けており、累積赤字額が二〇億円を超える。

第三回熊本都市圏パーソントリップ調査による都市交通マスタープラン、およびその実行ロードマップを示すアクションプログラムでは、システムの高度化は二〇〇三年の九州新幹線開通までに実現、都心結節も別途検討するとされた都市圏公共交通政策上の重要課題である。

しかし、経営のさらなる悪化により鉄道事業の存続が危うくなったため、二〇〇四年には熊本電鉄は、熊本市と合志市、熊本県に対して、「都心結節とシステムのLRT化の事業計画」を提案し、支援を呼びかけた。熊本電鉄が事業目的の一つにも掲げるように、このLRT化計画は、並行バス路線のフィーダー化やシステムの高度化、結節性の向上により、中心市街地への大量で高速・安全・快適な旅客輸送が期待できる。

この熊本電鉄LRT化計画に対して、二〇〇四年度には、民鉄協の支援による「公共交通の利用実態と意識に関する調査―熊本電鉄の市電乗り入れ・LRT化計画案に対する利用意向」において、最先端の技法による詳細な需要予測と費用便益分析がなされた。これによると、現在は三七〇〇人の御代志～藤崎宮前駅間の乗客数が、LRT化計画が実現すると大池～熊本駅間で二万四〇〇〇人程度となり、費用便益比も四・二程度になることが示された。詳細は「参考文献1」を参照されたい。

熊本電鉄は、これらの検討結果をもとにして、平成一七年八月に「熊本電鉄（株）LRT化事業計画書」を熊本市、合志市、熊本県に提出した。これは、二〇〇四年度の調査結果をベースにして、都心結節とLRT化にともなう鉄道・バスの再編やLRV運転時分計画案、事業化に必要な資金計画、概算工事費、事業スキームや運行スキームなどを提案したものである。と同時に、二〇〇六年度末にはこの事業推進の可否と整備計画の策定に入るか否かの判断を関係自治体（熊本市、旧西合志町（現在の合志市の西合志地域）、熊本県）に求めた。二〇〇六年当初には、熊本市と合志市は、この計画書の記載内容の妥当性と実行可能性の精査、熊本県は事業スキームや運行スキームなどの検討に入った。

これに対して、旧西合志町では、二〇〇四年度に「公共交通の利用実態と意識に関する調査および熊本電鉄のＬＲＴ化事業推進に対する調査分析」を実施し、二〇〇五年度には字単位で順次、成果報告会を開催してきた。また、同年一一月には二〇〇名を超える参加者を得て「生活を支える交通政策シンポジウム」を開催して、公共交通の維持・利用促進による西合志町のまちづくりの方向性を示した。

これと並行して、「『西合志町のより良い交通のあり方』を考えるプログラム」というモビリティ・マネジメント（ＭＭ）の一つの技術であるトラベル・フィードバック・プログラム（ＴＦＰ）を実施した（註）。ここでは、二〇〇五年八月から二〇〇六年九月までの一三カ月間に、旧西合志町全一万二〇〇〇世帯を対象とした事前調査、および第一次調査から第三次調査までの標準ＴＦＰに加え、ＴＦＰの長期持続効果を検

熊本電鉄と熊本市電

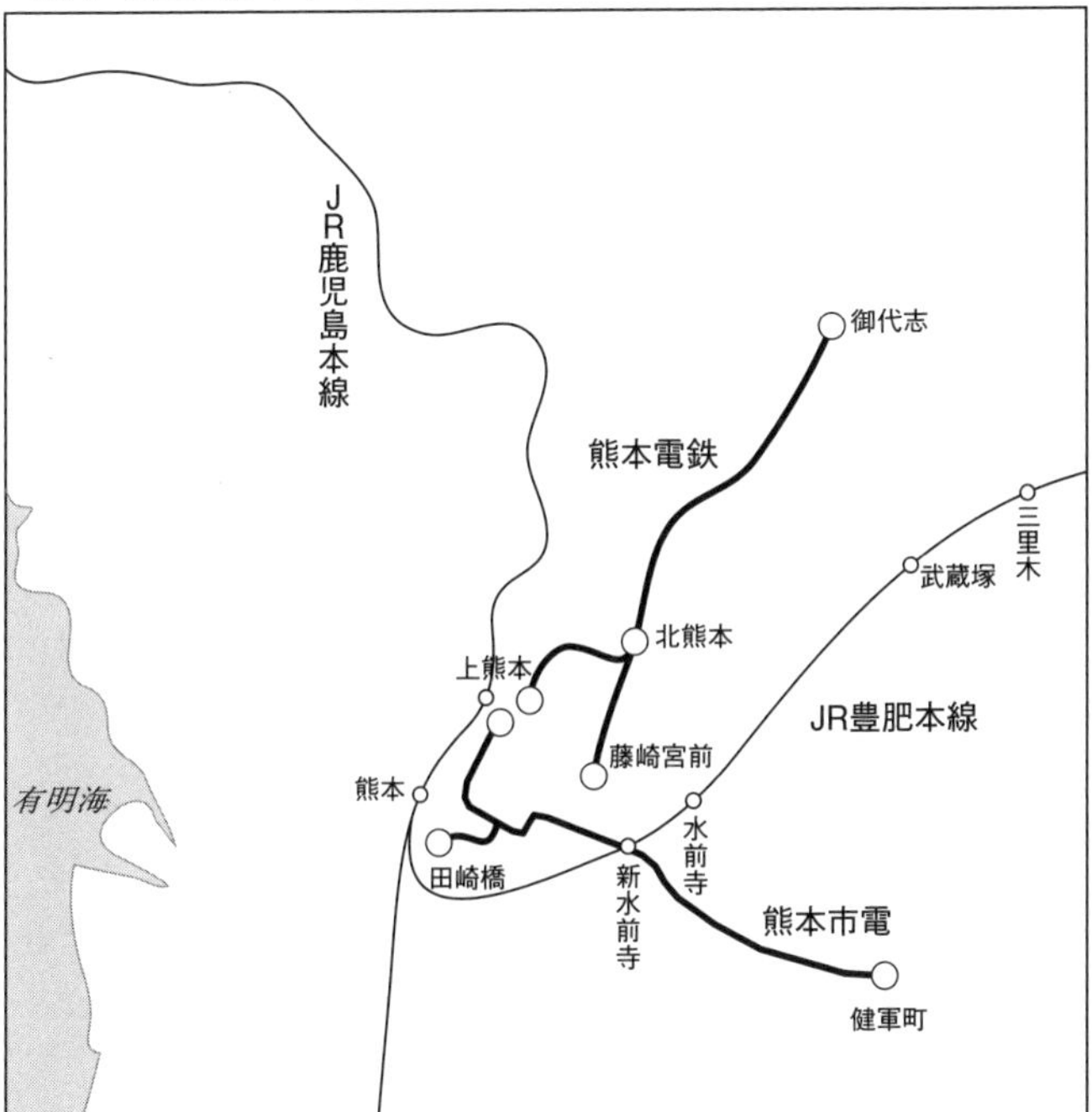

証するための第四次調査が実施されている。二〇〇六年度には、旧西合志町で実施したのと同じTFP「『熊本電鉄沿線地域のより良い交通のあり方』を考えるプログラム」をその他の熊本電鉄沿線地域七三〇〇世帯を対象に実施した。

これに呼応して、二〇〇六年には「すきたい熊本協議会」が「熊本電鉄の利用促進・都心結節とまちづくりを考える交通社会実験」を行った。一連のMMの内容と本実験条件の詳細設定などは「参考文献2」を参照されたい。

「すきたい熊本協議会」とは、「熊本市中心市街地商店街等地区およびその周辺地区の活動主体が共に手を携えるまちづくりを推進し、人に優しい安全で快適な環境の形成、集客力の向上、地域経済の活性化および生活文化の創造等を目的」とし、「まちづくりの将来ビジョンの研究、まちづくり計画の策定、これらの実現に資するまちづくり活動やイベントの実施などの活動」を行う七商協と地元大手企業などで構成された任意の協議会である。

この実験の主目的は、「熊本電鉄線による沿道のまちづくりや中心市街地の活性化などに及ぼす多面的な効果についての認識の共有」であり、実験参加者に対して中心市街地六六店舗が特典を供与するなど、公共交通機関と商店街との連携を強く意図していることが特徴である。

驚くことに、当日の藤崎宮前駅での総乗降人員は三九六二人であり、日頃（一二二五人）の三倍以上となった。また、特典を利用した実験参加者も協賛一店舗あたり四・二五人にもなった。熊電そのもののサービスだけでなく、利用者への特典供与といった商店街との連携に対する評価は極めて高かった。利用者ばかりでなく、本実験の内容と趣旨に協賛した商店街からの評価も高く、このような企画の継続的実施に対する声は大きかった。一過的な社会実験ではあったものの、公共交通機関と商店街との連携による交通まちづくり実践の有効性を示していると言っても良いであろう。

以上のような熊本電鉄の利用促進策を継続的に実施してきた成果もあり、二〇〇七年三月には、熊本市は熊本電鉄の要請に対して「熊本市、合志市および熊本県の三者は、一致して都心結節を推進する」、「具体的な事業概要案を検討し、関係機関による協議会を立ち上げて整備計画の策定を目指す」と回答するに至った。

熊本電鉄は勿論、すきたい熊本などの関係者は、少なくとも藤崎宮前から市電までの延伸が推進されることを期待していたのであるが、熊本市と合志市、および熊本県という行政だけからなる一年間の都心結節検討委員会が二〇〇七年度末に出した回答は、「国道三号ルートおよび坪井川ルートについては、現時点で予想される道路交通量や需要量では、事業を行うことは困難」であった。

検討された主な都心結節案は、国道三号線の単線中央走行、坪井川沿い市道複線中央走行、国道三号線両側拡幅複線サイド走行であった。

第一案では費用便益比は一・一ではあるが、主要交差点や周辺交差点での渋滞長が増加することや黒字転換可能性がないこと、第二案は費用便益比が〇・八であることにより、実施不可能と結論づけている。また、第三案は国道三号線の両側拡幅を前提としており、全体事業費が想定の二倍以上となるために、費用便益比が〇・六にしかならないから問題外という結論であった。

これらの結果がよってたつ需要予測や費用便益分析の設定条件や推計方法、ミクロ交通シミュレーションの適用方法など、専門的な立場から見ると不可解な面も散見される。

それはともかく、結局は、費用便益比と採算性、および道路交通混雑への影響によって事業の採否が判定されている。相変わらず円滑で経済効率的な道路交通が優先であり、地域公共交通の再生・活性化や交通まちづくりといった視点は全く考慮されていない。

さらに追い打ちをかけるように、二〇〇八年六月には、熊本電鉄の都心結節の可否を議論してきた計画検討委員会は、短期的には都心結節の計画検討を凍結する方針を決めた。その理由は、熊本電鉄が債務の私的整理を行う経営再建会社になり、七年間の再建計画が修了するまではＬＲＴ化を含む新規投資や負担金の拠出ができない環境になったため、ＬＲＴ化計画を取り下げたためという。

都市交通マスタープランにもある計画であるにもかかわらず、事業者がその計画案を取り下げたから行政は検討を止めるという構図も全く以て妙であるが、事業者の経営状況によって総合的な交通計画が左右されるようでは、地域公共交通を担う行政は果たしてその役割を担うことができるのであろうか、極めて心配である。

ここでは、熊本電鉄ＬＲＴ化計画とこれまでの経緯を忠実に述べてきた，交通プロジェクトの成否は、①計画案そのものの善し悪し、②需要予測の精度や費用対効果の評価、③計画の検討組織や意思決定プロセス、④事業・運行スキーム、⑤市民や中心市街地の参加などに依存すると考える。

果たしてこの熊本電鉄のＬＲＴ化計画はこれらの評価項目に照らしてどうであったか、検討を要する。果たしてこの計画の今後の展開はどうなるのであろうか。

参考文献

（1）溝上章志、橋内次郎、斉藤雄二郎：熊本電鉄の都心乗り入れとＬＲＴ化計画案実施に伴う利用需要予測、および費用低効果の実証分析、土木学会論文集D，Vol.63, No.1，pp.1-13，2007.

（2）溝上章志，橋本淳也：熊本電鉄の利用促進のための継続的ＭＭと商店街との協働による交通社会実験の効果，土木計画学研究論文集，Vol.25-3，pp.109-120，2008.

（註）モビリティマネジメント（ＭＭ）とは、各人が交通に関する行動（たとえば自家用車の代わりに公共交通や自転車を選ぶ）を自発的に変えることを促す方策で、情報の提供などコミュニケーションによる手段を主とする。トラベルフィードバックプログラム（ＴＦＰ）はＭＭの具体的な実施方法の一つであり、個人や世帯単位で、アンケート等の手段により、個別にコミュニケーションをはかりながら、人々の意識や行動の自発的な変化を期待する一連の手順である。一回のアンケート配布・回収で終わる方式（ワンショットＴＦＰ）から、アンケートに対して個別に評価・助言をフィードバックしたり、事後調査を行う方式など、手順の詳細度によりいくつかのレベルがある。

Q22 車両を改善すればいいのではありませんか？

乗り心地や利便性にすぐれ、環境にもやさしい次世代型鉄道として、ＬＲＴが話題になっています。これを日本にも導入する方法はありませんか。

「都市の装置」としてのＬＲＴ

ＬＲＴの最大の特長は、都市や環境などにおける社会問題を解決する仕組みとして体系化されていることにあります。ＬＲＶという高速走行・高加速度・超低床といった新機能を盛り込んだ新型車両をはじめ、トランジットモールや、既存交通との連携、ゾーン制の均一運賃（二一〇ページ下欄参照）、バリアフリー設備など、これらすべてが一体となって交通の機能を飛躍的に高めます。

そのためヨーロッパの多くの国では、ＬＲＴは環境政策の一環、および都市の装置として位置づけ、燃料税の一部を、建設や運営の財源に充当したり、あるいは電力・ガス事業等と同じ会計枠で処理する例もあります。さらに、交通税が設けられるなど、独立採算によらずに運営され、それによって都市における重要

トランジットモール（Transit Mall）

自動車の通行を抑制し、歩行者と公共交通だけが通行できるようにした街路。自動車が占有していた都市中心部の商業空間を、安心して歩ける人中心の空間に改める施策。都心部の商業機能再生の効果を認められ、ヨーロッパやアメリカで多く採用されている。

な機能と役割を果たしています。なお、ＬＲＶは都心部では短い駅間を低速で運行し、郊外部では郊外電車なみの速度で走ることが可能です。しかも低騒音・低振動で、従来の路面電車に比べて高加速・減速性能に優れ、バスをはるかに上回る輸送力を持ち、建設コストは地下鉄のおよそ一〇分の一と低額です。その建設コストの安さから、日本では大都市圏や地方の中枢都市圏において、地下鉄やモノレールの建設よりも有利なシステムです。

ＬＲＴをより高度に活用する仕組み

ＬＲＴのシステムには、人の移動をスムーズにする「仕掛け」が盛り込まれています。市街地周辺の駅にライド・アンド・バスライドやパーク・アンド・ライド（Park & Ride）用の駐車場を併設し、マイカーやバス、自転車の乗り継ぎができるようにして、鉄道との相互乗り入れも行うなど、あらゆる交通機関を結びつけ都心部へのクルマの乗り入れ規制を実施しています。それによって交通渋滞が解消されただけでなく、中心市街地のにぎわいを取り戻すことにも成功しているのです。

ストラスブールは、かつてクルマであふれ、中心市街地が吸引力を失いかけ

ストラスブールのＬＲＴ
同じホーム面で電車からバスに乗り換えることができる。

LRTと他の公共交通との比較

	地下鉄	都市モノレール・新交通システム	ガイドウェイバス	LRT	路面電車	路線バス	コミュニティバス
輸送能力(千人/時)	40 ～ 50	10 ～ 20	3 ～ 10	6 ～ 20	5 ～ 15	～ 3	0.1
表定速度*(km/時)	25 ～ 30	15 ～ 30	15 ～ 25	18 ～ 40	10 ～ 15	10 ～ 15	9.6
駅間隔(km)	1 ～ 1.5	0.7 ～ 1.2	0.3 ～ 0.5	0.4 ～ 0.8	0.3 ～ 0.5	0.3 ～ 0.5	0.24
走行路	地下	高架、地下	高架、路面	高架、路面、地下	路面	路面	路面
建設費(億円/km)	80 ～ 300	50 ～ 140	30 ～ 40	15 ～ 20	15 ～ 20	0	0
福祉対応	×	×	△	○	△	△	○
環境対応	○	○	△	○	○	×	△

資料)「交通工学ハンドブック」、建設省資料等から日本開発銀行作成。

注) 1. 現在のシステムの大まかな目安であるため、この数値から外れているものも有り得る。

2. コミュニティバスについては、武蔵野市「ムーバス」の事例を用いた。

3. 福祉対応及び環境対応については将来の技術向上は考慮していない。

* 表定速度とは、起点から終点まで、停車時間も含めた全所要時間を、距離で割った速度。

RACDA 編著『路面電車とまちづくり』学芸出版社, 1999, p.141 より。

ライド・アンド・バスライド

電車を幹に、バスを枝にして、相互の乗換えを便利にして階層的に構成した交通システム。鉄道とバスが同じ区間を並走する無駄をなくすとともに、双方の運転間隔が、都心部では短く周辺部では伸びるという不便を緩和することができる。電車のプラットホームの向かい側にバスが発着し、電車からバス、バスから電車へ数歩の移動で乗り換えられる工夫もある。これにゾーン制運賃（二一〇ページ参照）などを組み込み、連続的な交通システムを構築している。

ストラスブール（Strasbourg）

フランス東部・アルザス地方の中心都市。人口二五万人、都市圏人口四五万人。EU（欧州連合）の欧州議会が置かれるなど、ヨーロッパのていましたが、ＬＲＴを導入し、ライド・アンド・バスライド、パーク・アンド・ライドとトランジットモールなどを併せて実施したことによって、まちににぎわいが戻り、都市としての評価を高めるという大きな効果をもたらしています。またパーク・アンド・ライド拠点駅に商業施設を併設したり、公共施設の設置や住宅開発を進める場合も、鉄道沿線への設置、駅設置との連動を重視するＴＯＤを徹底させています。これらの施策は日本でも、今後重要な意味をもつことになると考えられます。

中心機能の一翼を担っている。

　ストラスブールでは、パーク・アンド・ライド、トランジットモールのほかに、ＬＲＴとバスの乗り継ぎ改善やパーク・アンド・ライド駐車場への商業施設の併設など、数々の施策を体系的に実施しているのが特徴。斬新な車両のデザインが、都市景観ともマッチし、ストラスブールの名を世界に広める役割も果たしている。

ＴＯＤ（Transit Oriented Development）

　公共交通指向型都市開発。都市開発を鉄道等の公共交通に関連づけて行う手法。公共施設の設置や住宅開発などを駅前を核としておこなったり、これらの開発と駅の設置を連動させて実施したりする。

Q23 LRTになってもクルマのほうが便利ではありませんか？

ふだんクルマしか使わない人にとっても、利便性はありますか。わざわざ乗り換えてまで利用する価値はあるのでしょうか。

クルマを使う人にとってもメリットのあるLRT

TDM（一〇九ページ下欄参照）は「交通需要管理」と訳され、日本においては交通渋滞の緩和を目的に用いられています。これまでの交通政策は、自動車交通量の増加に対応して道路整備を進めるというものでしたが、道路整備が進めば進むほどそれが新たなクルマ利用を誘発することになり、渋滞緩和の方向に反する結果となっています。そこで従来の交通政策とは別の視点から、パーク・アンド・ライドやクルマの乗り入れ制限などを行い、自動車利用者の行動変更を促進することで、過剰なクルマの利用を抑制しようという取り組みが全国各地で始まっています。

ヨーロッパ諸国などのTDM施策の先進地では、都心へのクルマの乗り入れを抑制あるいは禁止し、都心での移動手段にもＬＲＴを組み込んで実施しています。ＬＲＴは、低床の高性能車両や、郊外鉄道への乗り入れ、パーク・アンド・ライド、トランジットモール、ライド・アンド・バスライド、ゾーン制運賃などの機能をすべて一体化したシステムの総称です。したがって、ＬＲＴそのものがＴＤＭ施策ということができ、もともとそのような考え方で構築されたシステムであるため、都市の装置として高い利便性を有しています。

日本においても公共交通を活性化することで、クルマ依存の交通体系から脱しようとする考え方が芽生えています。これを実現していくには、鉄道の再生やＬＲＴ網の構築など、公共交通の活性化・利便性を向上させる施策を再評価することが必要になってきます。需要に追随した道路や駐車場の整備を見直して、総合交通政策を目指す必要があります。

パーク・アンド・ライドを導入して成功した地域

ＴＤＭ施策の有効事例の一つに、地方鉄道とパーク・アンド・ライドとを組み合わせる方法があります。たとえば、慢性的な道路渋滞がおきている箇所の手前の鉄道駅で、パーク・アンド・ライドの駐車場が高い利用率を示しています。

ゾーン制運賃

都市圏を地理的にいくつかに分割した「ゾーン」を設けて、どの交通手段を用いても、ゾーン間の移動が同じ運賃で行えるようにしたシステムもある。欧州、特にドイツ語圏で多用されている。日本ではまだ例がなく、異なる鉄道会社やバスを乗り換えるごとに別々の運賃を必要とするため、公共交通での移動が割高となり、乗客の煩雑さも大きい。

富山地方鉄道越中舟橋駅《えっちゅうふなばし》（富山県舟橋村）も、その一つです。同駅は、慢性的な渋滞箇所の手前に位置していたため、駅前にパーク・アンド・ライドの駐車場を設けたところ、開設以後利用者が増え続け、駐車場の収用台数を上回るクルマが集中したため、利用資格を同村民に限定するほどになりました。

また、「福井鉄道」の水落駅《みずおち》では、県がパーク・アンド・ライドの駐車場を整備し、急行停車駅にしたところ、クルマ通勤に比べて時間が短縮され、しかも費用面でもメリットがあることから、駐車場を開設したその年の同駅の乗降客数は前年度のなんと約八割増になりました。駐車場が満杯の日もあり、沿線への新たなパーク・アンド・ライドの駐車場の設置を求める声が多く寄せられています。

このほか、「愛知環状鉄道」や「三岐《さんぎ》鉄道三岐線」なども、積極的にパーク・アンド・ライドを導入し、乗客増や鉄道離れの抑制に成果を上げています。

こうした各地の事例から、パーク・アンド・ライドが成功するためには、所要時間や費用の面などで、わざわざ電車に乗り換えても充分メリットがあるような仕組みをつくる必要があると指摘されています。最近では、交通量の多い都心にクルマで入ることを避けようと、高齢者の間でもパーク・アンド・ライドの利用が増えています。

富山地方鉄道越中舟橋駅のパーク・アンド・ライド（奥田健雄氏提供）

Q24 地方鉄道のＬＲＴ化が実現する可能性はあるのですか？

ＬＲＴの成功は欧米での事例であって、日本では市民の意識や制度など、条件が整っていません。地方鉄道のＬＲＴ化はむずかしいのではありませんか。

従来型鉄道からＬＲＴへ

ＬＲＴ化の実例や試みが、日本各地で始まっています。広島電鉄が保有する宮島線《みやじません》は、もとは市街地とは別の路線で別々の車両が走っていたため、乗り換えの必要がありましたが、利便性を高めるために車両を入れ替えて市内の路面電車と直通運転することで実質的なＬＲＴ化を行いました。二一四ページで述べたように、富山市ではＪＲ富山港線《とやまこうせん》がＬＲＴ化され、福井市ではえちぜん鉄道三国芦原線と福井鉄道福武線《ふくぶせん》の直通ＬＲＴ化が計画され、岡山市でもＪＲ吉備線《きびせん》のＬＲＴ化が検討されています。

北陸地方では古くから路面電車と郊外鉄道の直通運転を行う例が多く、現在でも万葉線や福井鉄道福武線にその名残が見られます。そのため北陸地方では、路面電車と郊外鉄道の直通運転に抵抗感がなく、北陸各地で路面電車と郊外鉄道の直通運転構想が見られます。

路面電車が郊外鉄道に乗り入れる構想を実現する手がかりとして、大きく分けて次の二つのケースがあります。まず一つは、幹線鉄道の連続立体化や道路との立体交差計画があるケースです。県庁所在地やその他の中規模の都市では、JRの幹線の駅からJRの支線や地方民鉄・第三セクター鉄道などが分岐しているパターンがよくあります。ここで、幹線を連続立体交差にする計画が立てられた場合、分岐している地方鉄道路線を幹線と一緒に高架化するか、あるいは高架化せずに分離してLRT化するか、という選択が考えられます。もし、LRT化したほうが、費用や利便性の面で総合的にメリットがあると判断された場合には、LRT導入の選択の余地が出てきます。

もう一つは、既存の郊外鉄道の路線と路面電車がつながっていたり、あるいは近接しているケースです。これをつないで直通運転にすることは、地方の中規模の都市において、ターミナルで利用者が集まるのを待つ従来型の「待ちの集客」を改め、都心の路線に乗り入れ、都市中心部で細かく需要を拾う「需要のあるところに迎えに行く集客」に変更することを意味します。この形態はヨーロッ

郊外の鉄道線から、市内の路面電車として直通で乗り入れる。（福井鉄道の例）

パでよく見られる方式で、成果をあげています。

脚光を浴び始めた路面電車とその現状

ＬＲＴという交通システムが日本でも知られるようになるにつれ、そのシステムを構築するツールとして必要な、従来の路面電車が再び脚光を浴び始めています。かつては日本でも路面電車は全国六十数都市に路線が張りめぐらされていましたが、モータリゼーションが進行するなか、クルマの邪魔になるとして全国各地で廃止が相次ぎました。二〇〇四年現在、残っているのは一七都市一九事業者に過ぎません。これらの路線は、郊外鉄道と一体化して整備されればＬＲＴ化も可能ですが、今も各地で存廃問題が繰り返されているのが実状です。

ＬＲＶについては、一九九七（平成九）年に日本で始めてこれを導入した熊本市をはじめ、広島、鹿児島など全国一四都市で採用され、利用者から好評を得ています。次に日本で最初の本格的ＬＲＴを導入した富山市の事例を紹介します。

【事例】ローカル線のＬＲＴ化と都市政策：富山ライトレール

富山市は、日本有数のクルマ社会です。一世帯あたりの自動車保有率が全国第二位、交通手段分担率においては、全体では七二・二%、通勤では八三・三%がクルマを利用しています(富山・高岡広域都市圏第三回パーソントリップ調査より)。この調査結果からもわかるように、同市も全国の地方都市と同様に、市街地が郊外に拡散し続け、そのために都市の空洞化現象が起きていました。富山市の市街地は、県庁所在地のなかで全国で最も低密度となっています。

拡散型のまちづくりを続けるとどうなるか、社会資本の整備・維持費が高コストになることは前述したとおりです(五〇ページ参照)。富山市でも、ごみ収集や除雪などの面積も広がり、それに必要な行政コストが財政を圧迫していました。同市の試算では、二〇年後、その行政コストが二割増になるとされていました。しかも、時代は人口減少に入っています。税収は減る一方、行政コストは増える一方、高齢社会も進行しています。クルマ依存社会を改めなければ、近い将来、高齢者の移動制約が重大な社会問題となることは目に見えていました。

富山市は、こうした状況に強い危機感を持ち、都市政策を転換する必要があると考えていました。また北陸新幹線の開通にともない、大都市との距離が縮まることで、人や経済的な機能を大都市に吸い取られてしまうストロー現象が生じる可能性があり、その対策も急務となっていました。同市では、これらの問題を

富山ライトレール

解決するための手段として、これからの都市政策の柱として、日本初の本格的LRT導入を決断したのです。その経緯は、次の通りです。

存廃問題が持ち上がっていた地方路線のひとつ、富山市の富山港線に対し、JR西日本が同路線の活性化策としてLRT化を提案したのは、二〇〇三年のことです。当時、富山市では、北陸新幹線の建設にあわせて富山駅周辺の連続立体交差事業が検討されていました。その際、富山港線の取り扱いが問題になっていましたが、そこへ、JR西日本から富山港線のLRT化の提案がなされたのです。同市はその提案を検討し、結果、富山港線を在来線とともに高架化することを見送り、代わりに路線の一部を路面電車化して富山駅への乗り入れを継続し、富山地方鉄道（富山地鉄）の市内線につないで直通運転を行うことにしたのです。

これは同じJR西日本でも、JR可部線の廃線届提出（一三九ページ参照）の経緯とは異なっています。可部線のケースでは関係者すべてに不満を残す結果に至り、その反省もあって、富山港線ではJRの経営からは切り離す形となるものの、JR側も活用策の提案を携えて地域との話し合いのテーブルに着くという、従来にない方針を打ち出したケースとなりました。

富山港線は、かつては富山市北部地域の重化学工業地帯における貨物輸送の役割を担っていました。その後、富山港・沿線の工場からの鉄道貨物が廃止され、乗客のみの路線として維持されてきました。しかし、他の地方路線同様、モータリゼーションの加速、少子化などにより輸送需要は減少する一方で、運行本数を減らすなどの対策をとってきましたが、それによってますます利用減となる悪循環に陥っていました。

　このような状況にあって、北陸新幹線の富山までの延長が一九九九年に発表され、沿線自治体では、並行在来線である北陸線と富山港線などの支線が経営分離されるのではないかと危惧されていました。富山県が典型的なクルマ社会であることも問題を複雑にしていました。

　一方、富山県下には、新しい風が吹き始めていました。富山市の隣町、高岡・新湊市を走る万葉線が存廃問題に揺れていましたが、同路線の存続が決定し、両市と市民が出資した「万葉線株式会社」が二〇〇一年に発足したのです。しかも両市では、市民のマイレール意識が高まり、行政と地域が一体となって乗る仕組みづくりを実施したことで利用者数が増加に転じるという、前代未聞の事態がおきていました。このことは、富山市にとって大きな刺激になったようです。

　万葉線の成功事例にまちづくりの未来を確信した、富山市の森雅志市長は、

旧富山港線（松原光也氏提供）

ＪＲ西日本の提案を受け入れ、二〇〇三年、同線のＬＲＴ化を正式に表明。市民に、公共交通を軸としたコンパクトなまちづくりを目指して、都市を再構築することを説明し、周知と合意形成を行いました。森市長を先頭に開かれたこの地域説明会は、富山港線沿線のみならず市内各地におよび、その回数は優に一〇〇回を超えたといいます。趣旨に賛同した市民の間でも、公共交通によるまちづくりの活動が始まりました。

翌年四月、富山市はＪＲ西日本が運行していた富山港線を引き受け、第三セクター「富山ライトレール株式会社」を設立。ＪＲ富山港線から富山ライトレールに生まれ変わり、二〇〇六年四月二九日、新しくスタートしたのです。

富山ライトレール移管後は、利用者数を増やすべく、さまざまな見直しが行われました。運行間隔の短縮もその一つです。ＪＲ時代は、約一〜二時間ごとの頻度の低い運行でしたが、一五分ごとの運行間隔に変え、利便性は大幅にアップしました。また、停留所四カ所を新設し、車両はすべて低床ＬＲＶ（通称「ポートラム」）に切り替えられています。

富山市と国土交通省の調査（二〇〇六年四月二九日〜二〇〇八年四月三〇日の実績）によれば、平日は約五〇〇〇人、休日は約四四〇〇人／日となっています（第九

富山ライトレールの評価

富山ライトレールの取り組みは、各方面から高く評価されている。二〇〇六年に（財）国際交通安全学会が主催する「国際交通安全学会賞（業績部門）」を受賞したのをはじめ、二〇〇八年現在、十の賞を受賞。

回全国路面電車サミット二〇〇八福井大会の富山市発表資料より）。富山ライトレールに切り替わる前のＪＲ時代は、平日は約二三〇〇人、休日は約一〇〇〇人でした。利用者数は平日で約二倍、休日で四倍以上に増加しています。当初、富山ライトレールの需要予測では、ＬＲＴ化によって開業時に四二〇〇人、将来の富山地鉄市内線との直通開始時で利便性向上により五〇〇〇人になるとしていましたが、この数字を早くも初年度に上回り、黒字を達成しています。

なお、富山港線のＬＲＴ化を決定するにあたって、費用便益分析が行われました。バスへの転換、高架化、ＬＲＴ化（路面軌道への切り替え）などの各ケースが試算された結果、ＬＲＴ化の社会的便益が最も大きく、地域にとって最も合理的かつ経済効果が大きいということが明らかになっています。

現在、富山市では、富山地鉄市内線でも、廃止路線を一部復活させて環状化する事業を進めています。富山駅高架化完成後は、富山ライトレールと富山地鉄市内線の直通運転を実施し、都心部の再開発と連動させることになっています。さらに同社の鉄道線である上滝線への乗り入れも計画するなど、ＬＲＴとして再整備する方針です。

さらに、同市ではＪＲ高山線に対しても、市が費用を負担して大幅増便し、新駅を設置し、利用者の増加をはかるなど、鉄道活性化の社会実験も行っています。

富山県下では、北陸新幹線の建設にともない、並行在来線のＪＲからの経営分離を控えています。しかし、万葉線の再生、富山港線から富山ライトレールへと公共交通の整備が着々と進められ、その周辺の路線活性化の議論、取り組みも盛んに行われています。その様子は、県全体の鉄道網の積極的再生を予感させます。富山市の鉄道をめぐる一連の取り組みは、都市政策の柱として、まちづくりのなかに位置づけて行われており、市内全域の交通政策を根本から転換するものであることから、現在、全国の自治体から注目されています。将来は、一九六ページで紹介したカールスルーエに近いシステムや、ストラスブールのような都市政策と一体化したＬＲＴの概念を、国内で見ることのできる代表的な都市とな

富山ライトレール

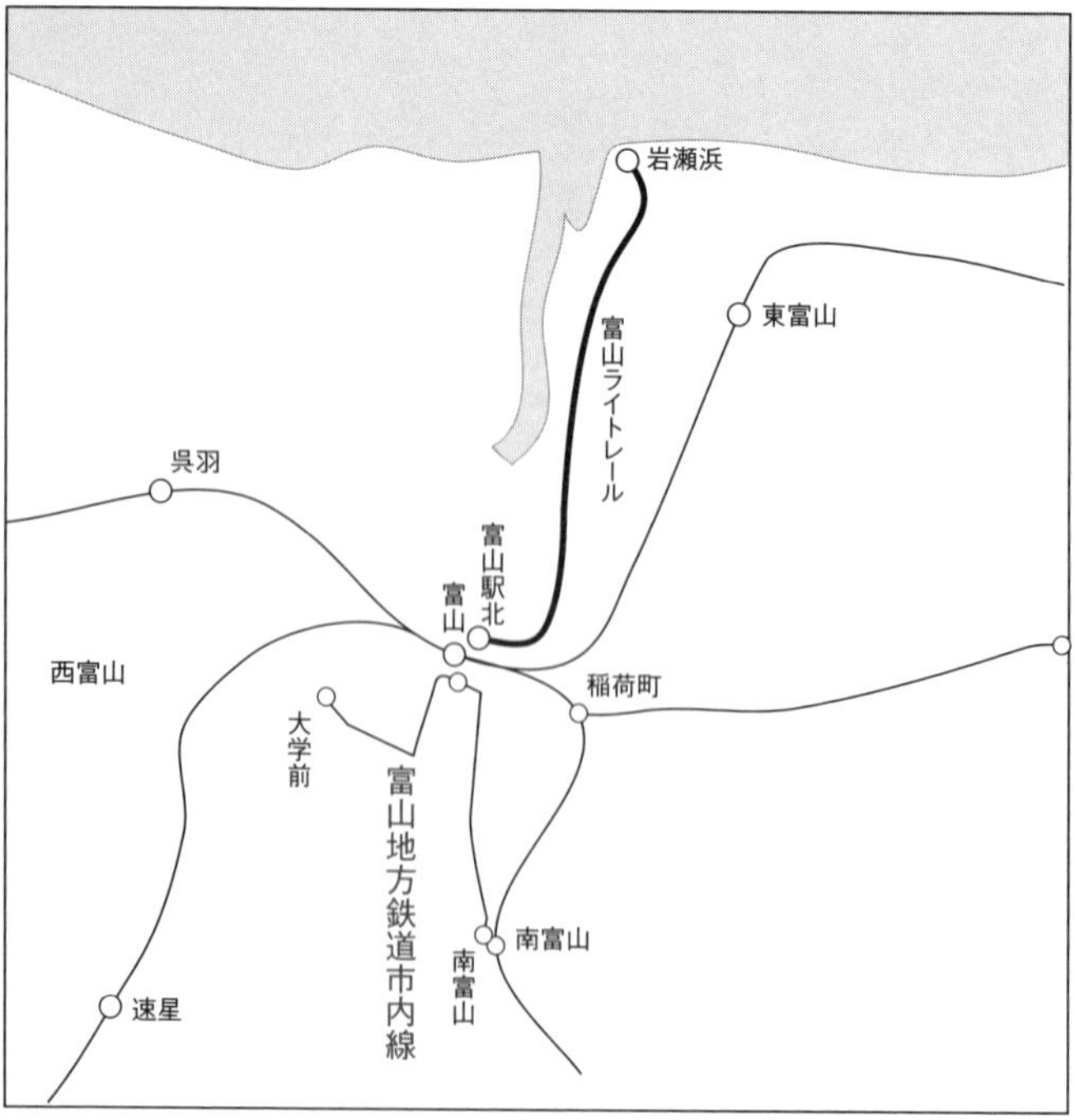

るでしょう。

既存の鉄道の再評価

「ＬＲＴ」というと、一見、全く新しく路線を建設するイメージがあります。しかし、旧来の枠組みのなかで十分に活用されることがなかった鉄軌道を含め、既存の公共交通ネットワーク（＝既存のストック）を再評価し、活用・活性化し、再生することが、実はＬＲＴ計画の基本といわれています。

都市にＬＲＴを導入する場合、まず、既存のストックとしての鉄軌道、および公共交通ネットワークの再評価を行い、その上でそれらの活用の方向性と、ＬＲＴの位置づけを明確にする作業が必要です。

日本では、ＬＲＴの導入を目指す動きが各地で起きていますが、実際には、鉄軌道の存廃問題を乗り越え存続が決定したところで、ＬＲＴ化されています。この状況が意味するところは、ＬＲＴを整備するには前提条件として税金投入の合意形成が必要になりますが、既存のストックである鉄軌道が、まず「再評価」されることが必要不可欠なプロセスであることを示しています。

前述の富山ライトレールでも、富山市長や同市民が、県下で起きた「万葉線の存続と再生」の経緯を間近に見ていたことで、「鉄道の再評価」という合意形成に重要なプロセスを経ることができた、という面があります。

同様に、福井県においても、二年にわたる電車の運行停止の間に、住民が鉄道の価値を再評価し、運行再開後のえちぜん鉄道の順調な乗客増加もあって、鉄道に税金を投入することについて、地域全体で基本的な合意が形成され、これが、その後の福井鉄道の存続や、ＬＲＴ計画を後押ししている側面があります。

このほかにも、各地で路面電車が廃止されていった昭和三〇～四〇年代、広島では、広島県警や広島市が路面電車の再評価を行った例があります。広島市は、路面電車を都市の基幹交通として活用することを決定し、軌道敷への自動車の乗り入れをさせないという判断を下し、路面電車の優位性を保ちました。それが、その後の広島電鉄の発展につながり、実質的なＬＲＴ化の推進につながっています。

また、松山市を中心とする伊予鉄道が、公共交通再生を目指して「サービス向上宣言」を発表し、その取り組みによって乗客増を実現しています。そして、空港への軌道延伸など、ＬＲＴによる交通拠点間の結節強化構想を掲げていますが、この例も、同様に既存のストックを再評価した事例といえます。

ところで、万葉線と富山ライトレールの二つの事例では、富山県下において段階的に鉄軌道再生を計画、実施し、段階ごとに評価を受けながら、鉄軌道への税金投入に対する合意を取り付けていったかたちとなっています。このことも大いに注目に値することでしょう。市内全域で一〇〇回以上繰り返された説明会をはじめ、事業そのものが大きなインパクトをもっていたということもあり、富山市では最終的に、富山港線のＬＲＴ化、市内線の環状化、両線の接続・直通化、単線区間の複線化、さらには上滝線のＬＲＴ化など、広域にわたるＬＲＴネットワークを構築することへの合意を取り付けるに至っています。

ＬＲＴ整備構想を掲げながら、それに対する大きな反対運動が起きている栃木県宇都宮市の事例にも、参考になる点が多くあります。

県庁所在地である宇都宮市も典型的なクルマ社会です。宇都宮周辺は、ＪＲ東日本と東武鉄道のネットワークが別々に展開し、相互の結節や連携が不十分という状況がみられます。そのため、地域に今あるものを改善し活用していくことを中心に、同市周辺を含めた地域の公共交通体系全般の再評価を行い、そのなかにＬＲＴを位置づけて整備することは、持続可能な地域社会を構築していく上で大きな意義があると考えられます。

万葉線の歩行者天国

宇都宮市のＬＲＴ整備構想では、ＬＲＴの運営に、同市周辺の路線バス運行を担っている事業者を参加させる意向でした。しかし、ＬＲＴの整備区間が、その事業者の路線バス網のうち、いわゆるドル箱区間を含んでおり、実はこの区間の収益が大多数の不採算区間を支える内部補助で、同事業者の経営を成り立たせる構造となっていたことから、同事業者がＬＲＴ整備構想そのものに真っ向から反対する状況になりました。

このことは、現在のところ日本の交通政策が競争政策と独立採算原則に基づいているため、事業者の利益を損なうことなく、地域の事業者が互いに協調・連携して公共交通ネットワークを成立させられる制度的な裏づけがない、という問題点を改めて浮かび上がらせる結果となりました。地域の公共交通全体のなかにＬＲＴを位置づける際、既存の事業者の経営環境を悪化させることなく、むしろＬＲＴ整備によって公共交通全体が底上げされ、それぞれの事業者の収益構造や経営環境が改善されるような制度設計が、地域に、さらには国に対して、強く求められていることを示した事例となりました。

宇都宮市におけるＬＲＴ整備構想は、同市が抱える深刻な道路渋滞という問題に対し、道路整備を次々に行うことで円滑化するという従来型の政策から、Ｌ

RT導入によるTDM（Transportation Demand Managementの略、交通需要マネジメント。一〇九ページ参照）に転換させる画期的なものでした。それだけに、LRTの整備構想が発表されたとき、既存の公共交通ネットワークの再評価という姿が前面に出ていれば、その後の合意形成の様子はもう少し違っていたかもしれません。

LRT整備でよくある指摘は、道路空間の再配分によって渋滞が発生する可能性があるということです。この点については、パーク・アンド・ライドの導入、運行頻度の向上などによって利便性が向上すれば、クルマと鉄道の交通分担率は大きく変化する可能性があります。道路渋滞がおこるか、あるいは円滑になるか、どちらになるかは、市民意識はどうあるか、また都市政策、TDM施策として地域がどう取り組むかによって決定づけられます。

ただ、LRTのシステムでは、鉄軌道だけですべてのネットワークを構築するものではありません。鉄軌道は需要の大きい幹線の輸送を担い、需要の小さな支線や末端区間へはバスなどに乗り換えるというような、「連携輸送」が前提です。そのため、地域によっては乗り換えのないBRT（四六ページ参照）などのシステムが適切なこともあります。

いずれにしても、交通システムを選択するにあたっては、鉄道、ＢＲＴ、路線バスそれぞれの機能と役割、さらには整備費用や整備による効果、問題点などを客観的に評価することが前提となります。そのうえで、まちづくり計画のなかで適材適所に使い分けることが重要です。

Q25 そのほかに地方鉄道の活性化の方法はありますか？

地方鉄道を活性化する方法はＬＲＴしかないのですか。ＬＲＴ化に向かない路線もあると思われます。そういった路線の活性化策はありますか。

鉄道を活性化する各地の取り組み

全国各地で今、鉄道を元気にする取り組みが行われています。その一例をいくつかの分野にわけて紹介します。

〈地域の振興〉

・上下分離方式にして、自治体に資本的コストの分担を求める（青い森鉄道他）。

・沿線住民等によるサポーター組織を結成する（土佐くろしお鉄道他）。

・自治体がイベント輸送に利用して運賃の全額・半額を負担して輸送（万葉線他）。

・百貨店などが運賃を負担し、多くの買い物客が集中する特別なイベントなどの際に無料輸送（熊本市電他）。
・観光地の観光協会などが列車を借り切り無料・半額で輸送（富山地方鉄道他）。
・枕木などのオーナー制度によって小額の「出資」を募る（しなの鉄道他）。

〈輸送力・サービス強化〉

・線路の部分改良や車両の変更などで高速化し、競争力を強化（JR山陰本線他）。
・鉄道と並行するバス路線を整理し、連携輸送のネットワークを構築（えちぜん鉄道他）。
・ダイヤを需要にあわせ、時間帯によって快速・特急を走らせる（一畑電車他）。
・運行本数を増便（甘木鉄道他）。
・連絡線を建設し、直通運転による、より需要の大きい運行ルートを創る（JR東日本―東武鉄道・野岩鉄道・会津鉄道　他）。
・連絡線を建設してネットワークどうしを接続（近鉄―阪神・山陽電鉄他）。
・事業者の異なる鉄道線と路面軌道との間で直通運転を新たに実施（えちぜん鉄道と福井鉄道　他）。

同じホーム面で電車からコミュニティバスに乗り換えられる（右）
（万葉線と高岡市「こみち」）

・終電車の時刻を繰り下げし、始発電車の時刻を繰り上げる（えちぜん鉄道他）。
・起点駅においてJRの特急等との接続を改善する（えちぜん鉄道他）。
・アテンダント（接客乗務員）を乗務させてサービスを向上（えちぜん鉄道他）。
・接客設備のよい車両（中古車両等）を導入（会津鉄道他）。
・高速道路のバス停留所と駅を併設して鉄道と高速バスのネットワークを一体化（JR山陽本線舞子駅・山陽電鉄舞子公園駅／神戸淡路鳴門自動車道舞子バス・ストップ他）。
・高速道路のインターチェンジに近接する駅から高速道路経由のフィーダーバスを走らせる（京阪電鉄中書島駅〜立命館大学琵琶湖草津キャンパス他）。

〈駅舎〉
・駅の入り口を裏側にも設ける（各地）。
・乗り場を近づけ、駅における交通結節機能を強化（広島電鉄横川電停―JR山陽本線・可部線横川駅他）。
・駅舎を店舗や公共施設などに利用（三岐鉄道大安駅他）。
・集客施設に近接して駅を新設（福井鉄道他）。

アテンダント（案内員）の乗車
土佐くろしお鉄道の例（内田桂嗣氏提供）

・駅を移設・新設してパーク・アンド・ライド機能を追加（三岐鉄道北勢線他）。
・貸し自転車を駅に置く（えちぜん鉄道他）。

〈運賃〉
・休日には所持者の家族が使える定期券を発行（各地）。
・一日フリー切符や家族切符などの割安の乗車券を発売（各地）。
・利用しやすい水準に運賃を下げる（万葉線他）。
・割引率の高い一年定期券を販売（万葉線他）。

〈イベント・観光〉
・トロッコ列車など、観光集客に効果的な車両を走らせる（嵯峨野観光鉄道他）。
・大都市から「旬の食材を食べる」ツアー列車を直通で走らせる（JR氷見線他）。
・漫画などのキャラクターを描いた車両を走らせる（土佐くろしお鉄道他）。

〈その他〉
・近接する施設の名前を駅名に入れる（えちぜん鉄道他）。

低床車両の導入
土佐電鉄の例

・ネーミングライツ（駅名の命名権）を販売（富山ライトレール他）。
・車両に自転車を乗せられるようにする（三岐鉄道他）。

これらの事例はほんの一部です。すでに成果をあげているものもあれば、成果が期待され実施段階にあるものもあります。各地の事情にあわせて、成功事例を徹底的に取り入れることが望まれます。国土交通省では、「ベストプラクティス集」として各地の取り組みをホームページで紹介しています。

ＵＲＬ：http://www.mlit.go.jp/tetudo/bestpractice/bestpractice%20toppage.htm

新しい可能性を引き出す技術の開発

ヨーロッパでは、「ディーゼル・ハイブリット・トラム」という新しい車両が複数の車両メーカーで開発されています。すでにドイツのカッセルやノルトハウゼンなどのまちで走行し、電化区間と非電化区間をＬＲＶが直通運転していきます。この新型車両は、電化区間ではパンタグラフで集電し普通の電車として走行すると同時に、ディーゼルエンジンと発電機のユニットを備えており、非電化区間ではディーゼルエンジンを稼動させて発電機を回し、電気を起こしてモーターに送るという仕組みになっています。非電化区間の地方鉄道線が、大がかりな電

観光客の誘致
嵯峨野観光鉄道のトロッコ列車

化工事をともなうことなく、ＬＲＴの路線網の一部として再整備できることがメリットです。

　もうひとつ大きな注目を集めているのが、国土交通省鉄道技術研究所、川崎重工、福井大学でそれぞれ開発を進めている「バッテリー・トラム」です。これは、路面電車の車両に高性能電池を搭載して、停留所において短時間での充電を繰り返しながら非電化路線を走行するシステムで、ＬＲＴ路線を開設するにあたって初期投資を低減することが可能です。それと同時に、電化区間と非電化区間の間で直通運転を行い、電化区間において架線から集電して走行している間に充電し、非電化区間に乗り入れることができ、非電化路線をそのままＬＲＴの路線網に組み入れることが可能となります。現在、電池の供給価格を下げる研究が進められ、さらに、ブレーキをかけたときに発生するエネルギーを電気に変え、バッテリーに蓄えて再利用するという「省エネ」に活用する技術の研究も進められています。

　近年、地方鉄道の可能性を広げる新しい技術開発がいろいろと発表されています。今まで技術的な制約のために断念されていた活用法が実現する可能性があります。

バッテリートラムの試作車（福井鉄道での試運転）

Q26 新幹線の開業によって「並行在来線」はどうなるのですか？

整備新幹線が開業すると並行在来線はJRの経営から分離されますが、生活路線として重要な役割を担っています。これを廃止せずに活用する方法はありますか。

整備新幹線建設の是非と並行在来線の活用

整備新幹線の建設は、高度成長の時代を背景に、東海道新幹線の輸送力の不足に備えて、北陸経由で東京―大阪間を東海道新幹線とほぼ同じ長さの路線で結ぶ、「北回り新幹線」の構想から生まれました。

その後、国の交通政策が道路整備中心に変わり、豊富な道路予算を背景に、拡幅、バイパス道路建設、高速道路の建設へと道路の施設更新が急速に展開されていきますが、鉄道にもいっそうの高速性が求められ、新幹線整備へのニーズが高まっていきました。整備新幹線計画は時間とともに変更され、JR各社が整備新幹線と並行在来線の経営を両立することに難色を示したため、一九八八（昭和六三）年、並行在来線はJRから経営分離されることになりました。その結果、北陸（高崎―長野）・東北（盛岡―八戸）の各新幹線開業以降の並行在来線は、JR各社より分離されることになりました。

並行在来線や枝線の取り扱いは、北陸新幹線（長野行き新幹線）整備にともなって開業した「しなの鉄道」の経営問題にみられたように、地域にとって大きな問題となります。新たに新幹線を建設する場合、新幹線の整備と並行在来線の維持を両立するためには、並行在来線を健全に維持するための最低限の条件は確保しておかなければなりません。貨物の鉄道輸送ネットワークの維持を阻害しないことも重要です。そのためには、信越本線や鹿児島本線、東北本線で行われた、並行在来線のうち収益性の高いところだけJRに残して収益性の低いところは分離するような扱いは改める必要があります。

沿線自治体が並行在来線全体を最も効果的に活用できるよう、一括してJRから分離し、そのうえで並行在来線をLRTの路線の一部として活用したり、運行頻度を向上させて活性化させたりするなどの新たな方向性と機能を付加し、新幹線も含めた鉄道ネットワーク全体を活性化させる積極的な取り組みが必要です。その考え方の有無によって、並行在来線の将来は随分違ったものになってしまいます。

新幹線そのものの必要性の議論もありますが、今後、道路、鉄道、航空、船舶（港湾）の予算配分を含めた積極的な情報の公開を進めたうえで、総合的な交通政策の見地から交通体系と税金の使い方を考えていくことが必要でしょう。

北陸新幹線の延伸工事が進められている北陸地方では、交通まちづくりに取り組む富山・石川・福井の計五つの市民団体が、二〇〇七年に「北陸連携並行在来線等活用市民会議」を結成し、共同研究を行っています。同団体が二〇〇八年五月に発表した中間報告では、まず、並行在来線としてＪＲから経営分離されることになっている北陸本線を、積極的に活用し、および地域の公共交通全体を再生・活性化させるにあたっての基幹路線と位置づけ

しなの鉄道(長野)

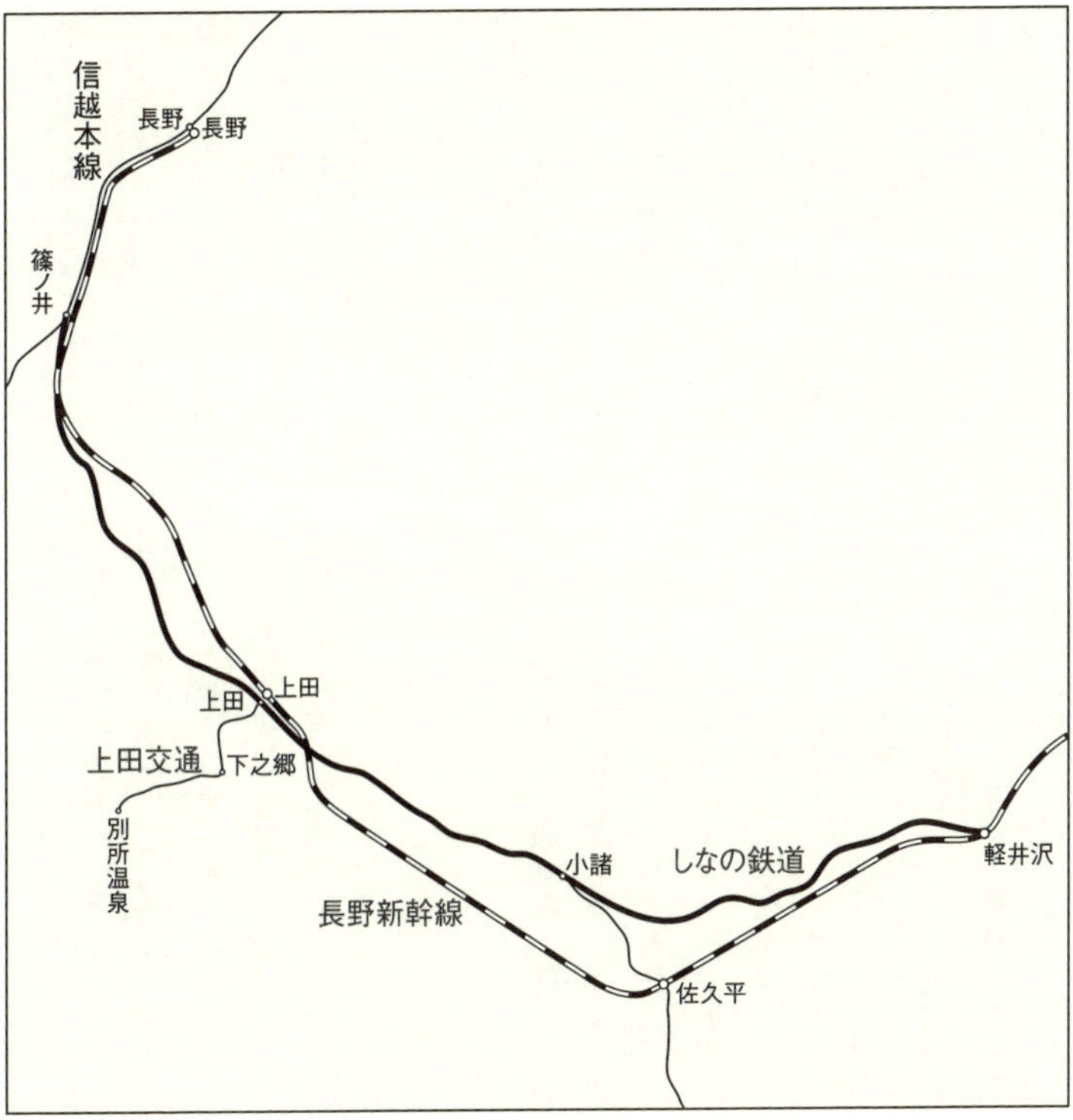

ることを提案しています。また、並行在来線の持つ社会的便益を積極的に評価して公共投資を行い、利便性を向上させ、鉄道の特性を活かして、利用者の増加をはかることも提案しています。そして、万葉線、えちぜん鉄道、富山ライトレールにおける取り組みと同様に、地域が一体となって、乗る仕組みづくりと利用の促進に取り組んでいくことなどを併せて提案しています。並行在来線を、新幹線整備の負の遺産として扱うことにより、地域が本来持っている可能性を見失ってしまうことは避けたいものです。

多様な活用法の検討

全国の鉄道のほとんどは、明治・大正・昭和の時代につくられたシステムをやりくりして使い続けているのが現状です。これも、鉄道が競争力を失っていった要因の一つです。鉄道においても近代化を行う必要があり、そこに新幹線整備の意義があります。ただし、鉄道近代化の手法を新幹線に限定して考えるのではなく、線区によっては在来線の部分的な改良や、高規格の短絡線を在来線に一部組み込む「智頭急行」のような手法が、費用便益分析上優れていると判断される場合があります。

並行在来線

整備新幹線の開業によってＪＲの経営から分離される在来線。収益の柱である特急列車が新幹線に移るため、並行在来線の経営基盤に大きな影響が出ると考えられる。

フル規格新幹線と狭軌新幹線

東海道新幹線をはじめ、従来の新幹線は標準軌（レール間隔が一四三五㎜）で建設されてきたが、新幹線網の拡大にともない、在来線と同じ狭軌（レール間隔が一〇六七㎜）の利用も検討されている。狭軌なのでスピードが出せないという技術的な制約は必ずしもなく、むしろ在来線との直通が容易なことなど、条件によって活用の余地がある。

今後、幹線鉄道の更新を検討する場合には、さまざまな工夫を凝らした手法が求められるところです。もしかすると、今までに想定されていない手法がとられる余地があるかもしれません。九州新幹線の長崎ルートでは、狭軌の新幹線として建設され、一部区間では在来線に乗り入れる方法も検討されています。今後の鉄道の近代化更新において、この方法は選択肢の一つとなります。建設コストの大きくなる都市部では、在来線をそのまま活用し、途中の区間は、狭軌の高速新線を建設して鉄道のネットワークに組み込むという方法も可能性があります。全国の鉄道ネットワークを、新幹線・新幹線の直通する広軌、貨物輸送の比重が大きい狭軌の、それぞれのネットワークに再編する考え方があってもよいでしょう。鉄道貨物輸送を維持する対策も含め、さまざまな鉄道の近代化による活用の可能性が考えられます。

新幹線を建設するか、しないかという二分論ではなく、公共投資全体のなかで、道路の整備と鉄道の近代化更新を相互に進めることによって、全体として人々の交通権を増進する交通体系をいかに実現するかという視点に立つ必要があるのではないでしょうか。

Q27 地方鉄道整備の財源はどうするのですか？

魅力的な考え方やプランがあったとしても、財源がなければ実現できないのではないでしょうか。何かよい手だてはあるのですか。

加速する支援制度の拡充

国土交通省は一九九七年度に、路面電車の支援制度として「路面電車走行空間改築事業」を創設し、これによって軌道区間の整備に道路特定財源を投入する枠組みができました。その後、徐々に路面電車や地方鉄道への支援制度の拡充を進め、同省は二〇〇四年度、「LRT総合整備事業」を設け、そのなかに、新設・既存を含め、鉄道局による「LRTシステム整備費補助」、道路局と都市・地域整備局による「路面電車走行空間改築事業」「交通結節点改善事業」、都市・地域整備局による「都市交通システム整備事業」などを組み入れています。

二〇〇七年度には「地域公共交通の活性化及び再生に関する法律」ができました。この法律に基づき、自治体が行う事業に対し、ハード・ソフト両面からの補

路面電車走行空間改築事業補助

自動車交通からの転換による道路交通の円滑化、環境負荷の軽減や中心市街地の活性化等をはかるため、路面電車の新設・延伸を支援する。電車の走行路面、停留所等の整備に必要となる道路改築費を補助する。「道路交通の円滑化」を目的としているため、道路特定財源から拠出される。まだ少額ではあるが、道路特定財源が公共交通の利用促進に使われるようになった面でも注目される。

助制度が拡充され、自治体による起債が認められるようになりました。さらに、これまで認められていなかった軌道事業の上下分離が認められることになり、これによって、鉄道・軌道の施設を自治体が保有し、公有民営型の上下分離とする場合、その「下」の部分の費用を地方交付税の対象としたことは特筆すべきことでしょう。

これらの法・制度について本書で詳しく取り上げることはできませんが、国土交通省のホームページ（http://www.mlit.go.jp/）に、「ＬＲＴシステムの概要」「地域公共交通活性化・再生総合事業の概要」「地域公共交通活性化・再生総合事業ご利用案内（鉄道編）」「地域公共交通の活性化及び再生に関する法律の一部を改正する法律」「鉄道事業再構築事業に対する支援措置の概要」「鉄道事業再構築事業の実施パターンの例」「鉄道事業再構築事業を実施した場合の経済的メリット」など、詳しい資料が掲載されています。

さらなる拡充の必要性

日本と欧米では、公共交通における採算性の概念が異なります。欧米で都市の活性化に成功をおさめているＬＲＴも、鉄道事業が単独で採算が合っているわ

幹線鉄道活性化事業補助

一般財源から拠出され、鉄道在来線の高速化（立体交差化・駅周辺整備・市街地再開発などを含む）、モーダルシフトの促進、乗り継ぎの円滑化などの事業に対して補助される。

けではありません。欧米では、鉄道事業と電力やガスなど他の収益事業を同一の経営体で運営する内部補助、燃料税の一部を公共交通財源へ組み入れる制度、交通税の設置などによって維持されています。つまり、公共交通を都市の装置として、また環境を守り、都市を活性化させるための社会資本として扱い、整備・維持しているのです。その意味でも、日本における鉄道やLRTなどの公共交通に対する支援制度はまだまだ十分というわけではありません。今も各地で鉄道の存廃が議論され、多くの地域で廃止という結論が出されています。

現在、日本でも、「費用便益分析」による評価が重要な尺度になり始めました。また、公共交通に行政が関与する機会が増え、公共交通の独立採算原則が緩和される傾向が現れ始めています。それとともに、社会への貢献という公共交通本来の役割も見直され始めています。つまり、公共交通の再定義ともいえる動きが起きているのです。その動きを広め、確かなものとすることが、鉄道の財源制度をさらに拡充していくための重要なカギとなるでしょう。

わが国の交通政策においては、道路に毎年たくさんの税金が投入される今のシステムに批判が集まっています。この問題は、道路特定財源の一般財源化を行ったうえで、必要な道路を厳選して整備するという方向で調整されていますが、クルマ依存社会を改め、持続可能な社会に確実に転換していくために、国全体で交通政策を再構築していくことが必要になるでしょう。

現在の公共投資の枠組みは、新しく建設することだけに重点を置き、道路の建設と鉄道ネットワークの廃棄を繰り返す結果を招いています。これを改め、新たな建設と、既存のストックの維持・活用をともに重視した枠組みに再構築することによって、既存の鉄道のネットワークを再生し、さらなる活用を行って、埋もれかけている鉄道の能力を引き出していく必要があります。

Q28 国はどう考えているのですか？

鉄道を維持・活用していくにあたり、地域の取り組みだけでは限界があります。地域交通政策について、国はどのように考えているのですか。

国の鉄道政策の変化

二〇〇〇年に改正された鉄道事業法の影響もあり、ここ数年の間に、鉄道の維持・整備に関する問題は、もはや地域ごとに取り組んでいるだけでは解決できない段階にきていました。そのため、全国的な枠組みで、地方鉄道の再生に向けて新たな施策を考え、実施していく必要が指摘されていました。

そのような状況のなか、最近、地方鉄道を取り巻く国の情勢が変わり始めました。その第一弾が、国土交通省鉄道局長の行政運営上の検討会として発足した「地方鉄道問題に関する検討会」が、二〇〇三年に発表した「地方鉄道復活のためのシナリオ」です。

これは、国の関係機関が、幹線鉄道や大都市圏の鉄道とは異なる性格をもった地方鉄道に焦点を絞り、今後の地方鉄道のあり方について検討し、発表した画期的なものとして注目されています。このなかでは、地方鉄道の現状分析や課題の整理、また鉄道活性化、費用の節減について検討を行うとともに、地方鉄道の輸送サービスにおける安全および利用者の利便の確保への行政の関与のあり方、国および自治体の適切な役割分担のあり方、さらに地方鉄道施策の新たな方向性についても検討されています。そして、今後の地方鉄道のあり方の基本的考え方として三つの項目をあげています。

①地方鉄道は地域の基礎的な社会的インフラであり、地域が一丸となって支えるという視点が極めて重要

②（地方鉄道は）地方中核都市においては「都市の装置」として活用していくべき

③輸送需要が少なく採算の確保が相当困難な地方鉄道の存続の是非については地域において判断する

その上で、鉄道には乗り合いバスなどでは代替できない機能があるとし、鉄道は鉄道として、バスはバスとして残していくべき、と指摘しています。そして、地域で鉄道を維持・活用することを前提に、国も地方による鉄道維持を支え

るべく財源的な支援策をとるように提言し、これまでの交通政策を見直すことを表明しています。これらは、その後の交通政策の下地となっていると考えることができます。なお、原文は、運輸政策研究機構のホームページ（http://www.jterc.or.jp/）に紹介されています。

地域公共交通の活性化・再生のための新制度

地域の公共交通に対する財政支援制度としては、「地方鉄道再生制度」や「LRT総合整備事業」が二〇〇四年度に創設されるなど、財政支援制度が徐々に充実してきました。それを集大成するとともに、このところ地域によってはバスや渡船《とせん》などを含め壊滅的な状況を見せる公共交通全体を対象とし、地方鉄道や路面電車に対する補助も拡充するかたちで、「地域公共交通の活性化及び再生に関する法律」が二〇〇七年一〇月にできました。同法は、二〇〇八年一〇月に、鉄道関連の制度をさらに充実させるべく改正されています。

同法による手続きは、市町村が事務局となり、鉄道・バス事業者や利用者などが協議会を組織し、公共交通活性化に関わる地域の取り組みを「地域公共交通総合連携計画」として定めることからスタートします。この地域公共交通総合連携計画に、次の六事業を位置づけて取り組む際、規制特例や財政支援により国がバックアップする仕組みとなっています。

①路面電車のＬＲＴ化などを行う……「軌道運送高度化事業」

②ＢＲＴなど路線バス活性化を行う……「道路運送高度化事業」

③海運の活性化を行う……「海上運送高度化事業」

④駅の乗継改善、パークアンドライドなどに取り組む……「乗継円滑化事業」

⑤上下分離など鉄道事業構造を変更する……「鉄道事業再構築事業」

⑥廃止届が出された鉄道の再生をはかる……「鉄道再生事業」

地域が国の認定を受けて公共交通活性化に取り組もうとするとき、まずは地域の公共交通がまちづく

地域公共交通活性化・再生法の手続きと支援策の概要

地域公共交通に係る評価・検討（費用便益分析）

↓

地域公共交通活性化・再生法の支援策

合意形成 ＝協議会

市町村　公共交通事業者　道路管理者　港湾管理者　公安委員会　住民　等

↓

地域公共交通総合連携計画

以下の特定事業を計画に位置づけ

・軌道運送高度化事業（路面電車のＬＲＴ化）
・道路運送高度化事業（ＢＲＴなど路線バス活性化）
・海上運送高度化事業（海運の活性化）
・乗継円滑化事業（駅の乗継改善、パークアンドライド）
・鉄道事業再構築事業（上下分離など鉄道事業構造の変更）
・鉄道再生事業（廃止届が出された鉄道の再生）

↓

従来の支援策　国による計画の認定、事業実施

りや住民生活にもたらしている便益を評価すること（費用便益分析）から始めます。そして、協議会を組織して合意形成をはかり、「地域公共交通総合連携計画」と具体的な事業計画を作成します。

従来、国の財政支援は、事業計画と税金投入の仕組みを地域が構築して、初めて得ることができました。しかし、「地域公共交通の活性化及び再生に関する法律」が制定されたことにより、廃止・存続の判断や、存続する場合の枠組みを話し合う協議会の段階から、国が財政支援する仕組みができたことが大きな特徴です。今後、さらに前の段階の費用便益分析に対する支援の仕組みができることを期待したいところです。

地方鉄道再生のための二つの制度

地方鉄道再生に関わる制度として、「地域公共交通の活性化及び再生に関する法律」には、「鉄道再生事業」と「鉄道事業再構築事業」の二つが定められています。この二つの制度を見ていきましょう。

「鉄道再生事業」とは、廃止届が出された鉄道において、鉄道事業者、市町村、住民（利用者）が再生に取り組む際に、廃止届の延長や事業譲渡の手続を簡略に行えるようにするものです。地域の意に反して事業者から廃止届が出されてしまった場合に、合意形成を行う時間を確保し、税金投入の枠組みをつくるために用いる制度です。

これに対し、「鉄道事業再構築事業」は、廃止届が出されていない段階においても適用が可能で、自治体が関与して、交通事業を事業者間で譲渡・譲受するケースや、例えば民営から第三セクターに事業主体を変更するケースなど、事業運営の仕組みを抜本的に変更することを可能にする制度です。このなかでは、施設を自治体が保有し運行を民間事業者が行う、公有民営型の上下分離方式が推奨されており、鉄道を道路と同じように地域の社会資本として維持する考え方をとっています。

制度の活用と改善に向けて

このような新たな法律が制定された背景には、地方鉄道、地方バス路線、離島航路などの存廃問題が相次ぐなか、先に紹介した「富山ライトレール」や、「万葉線」「えちぜん鉄道」などの成功事例、武蔵野市の「ムーバス」をはじめ全国に取り組みの事例がある「コミュニティバス」、盛岡市、仙台市、新潟市、静岡

福井鉄道

市、浜松市、金沢市、岡山市、熊本市など、全国一四都市で導入されている「オムニバスタウン構想」など、公共交通活性化の地道な取り組みが全国各地で展開されてきた効果といえるでしょう。今後、この法律を活用して公共交通活性化に取り組む地域が増えれば、制度自体もより改善され、国の財政支援額も増えてゆくことが期待されます。

この法律は、公共交通利用者の積極的な参画を前提とした制度となっています。住民（利用者）にとっては、協議会に参加するだけでなく、「地域公共交通総合連携計画」の作成や協議会の設立を、住民側から自治体に提案することも公式に認められています。公共交通活性化のためには住民が事業者や自治体とともに、一丸となって取り組むことが、いかに重要であるかが示されているともいえるでしょう。

国の制度を上手に活用し、制度そのものを改善していくためには、今後とも、それぞれの地域が鉄道などの公共交通について真剣に考え、支える活動を進めていくことが大切です。そして、地域の住民・活動団体が連携し、情報交流していくことが必要でしょう。

鉄道を再評価し、活用・活性化・再生するために

鉄道を存続させるためには、とにかく、住民が「自分たちが乗って支える」という意思表示を最初に行う必要があります。その意思表示がなければ、行政は「住民は鉄道を必要としていない。残しても乗って支える人がいない」と判断し、廃止を進めてしまいます。そのため、住民が、積極的に鉄道を利用すると同時に、鉄道に税金を投入して残すことについての合意形成が必要となります。住民の「乗って支える意識」が浸透し、活発なことを受けて、行政側は初めて税金を投入するための取り組みを始めることができます。

支援制度は拡充されましたが、その枠組みが実際に機能するためには、住民がまず動き始めることが重要です。そのことは、合意形成ができていることを示す最も明確な指標であるといえます。それが各々の地域において鉄道が存続できるか否かの方向を決める、きわめて重要なキーワードにもなっています。

Q29 地方鉄道やＬＲＴを応援する全国的な組織はありますか？

国にバランスのとれた交通政策の実現を求めていくには、地域の努力とともに、全国の関係者で連携した活動が必要となります。そのような動きはありますか。

関連の自治体や利用者のネットワークをめざし「鉄道まちづくり会議」設立

地方鉄道を運営する全国の自治体、中小民鉄会社、市民団体が集まって地方交通の課題と解決策をさぐる「鉄道存続のまちサミットin勝山」が、二〇〇二年一二月に、福井県勝山市で開催されました。

同サミットでは、存続がようやく決まったばかりの京福電鉄の沿線住民が参加して、地方鉄道の今後のあり方や存続の問題についての報告や意見交換が行われました。

翌年一一月には「鉄道まちづくりシンポジウム」が同市で開催され、最後に全参加団体による「鉄道まちづくり会議」が設立され、全国の行政・事業者・市民団体が手を携えて活動する全国組織の発足が宣言されました。

鉄道まちづくり会議（島根県平田市・現出雲市）

この一連の取り組みは、勝山市が企画し、市民団体の「勝山市電車利用促進会議」と沿線の市町村などで構成する「公共交通を守る会」、そして「ふくい路面電車とまちづくりの会（ＲＯＢＡの会）」「環境自治体会議」など、各団体がそれぞれの立場で協力し実現したものです。

その後、二〇〇四年一一月に、島根県平田市（現出雲市）において「第一回鉄道まちづくり会議」、二〇〇五年一一月に長野県上田市において「第二回全国鉄道まちづくり会議」、二〇〇六年一一月に兵庫県加西市において「第三回全国鉄道まちづくり会議」が開催され、全国から自治体首長、鉄道事業者、市民団体が集まりました。

このほかにも、交通まちづくりの市民活動を行っている全国の市民団体連絡組織「全国路面電車愛好支援団体協議会」、全国一七都市で路面電車を運行する一九の事業者からなる「全国路面軌道連絡協議会」が中心となって開催する「全国路面電車サミット」、全国路面電車ネットワークが中心となって開催する「人と環境に優しい交通をつくる全国大会」など、事業者、行政、市民が連携して運営する全国会議があり、「鉄道まちづくり会議」と同様に、問題解決のために連携して活動し、全国に情報発信する役割を果たしています。

鉄道まちづくり会議事務局
〒一〇二-〇〇八三 千代田区麹町二-七-三 半蔵門ウッドフィールド２Ｆ 環境自治体会議 環境政策研究所内（電話〇三-三二六三-九二〇六）

全国路面電車サミット（二〇〇八年・福井）（松原光也氏提供）

ＬＲＴ推進議員連盟の発足

二〇〇四年二月には、全国から超党派の国会議員で構成された「ＬＲＴ推進議員連盟」が発足しました。現行の制度や財源では、国交省としてもできることが限界に達しているため、政策面の突破口が必要という認識によりスタートしたものです。連盟の活動は、二〇〇七年度に成立した「地域公共交通の活性化及び再生に関する法律」を側面から支援する成果がありました。二〇〇八年には加盟議員が一二一名に増加し、名称を「新交通システム推進議員連盟」と改めて、研究・議論の対象を公共交通全体に広げながら活動を続けています。

今、日本各地で抱えている課題を、一事業者、一地方だけで国と交渉するだけではなかなか事態を打開できないため、今後、このような全国組織の取り組みが果たす役割はますます大きくなります。まずは行政、事業者、住民が地域ぐるみで鉄道を支える取り組みを続ける一方、国にバランスのとれた交通政策の実現を求めていく活動を、連携しながら推進していくことが重要です。

国民一人ひとりの力は大きなものではありません。しかし、多くの人が気づき、声を合わせていくことで、それはいつか交通政策そのものの変革を導くでしょう。

コラム⑬

地方鉄道の新しい枠組みに向けて

勝山市長・鉄道まちづくり会議会長　山岸正裕

当市は福井市から約三〇キロの山側にありますが、その足となるべき京福電鉄が、二度の事故（二〇〇〇年一二月と二〇〇一年六月）の影響で、完全に止まってしまいました。事故は勝山側の越前本線で発生しましたが、勝山側と反対側の福井から海に面した三国町に伸びている路線も一緒に止まりました。年間三〇〇万人、一日八〇〇〇人が利用していた鉄道が、沿線六〇キロにわたって一挙に止まってしまったのです。

この京福電鉄は大正三年（一九一四年）にでき、今日まで沿線の住民が九〇年近く利用してきました。福井へ行くにも、また大阪、東京へ行くにも、この電車がなければ行けなかったわけです。やがてモータリゼーションに押されて利用者が減り、廃止の議論が起こっていましたが、いまなおこの電車がなければ足を確保できないという方がいらっしゃいます。

その方々が「電車がなくなったらどうしようか」と心配していたところ、本当に電車が止まって、あたかも強制的に社会実験をさせられる状況になってしまったのです。

約二年にわたって電車が止まりました。特に当地は冬が厳しく、電車を代替するバスが思うように走れず、遅延の発生や乗客の積み残しなど、トラブルが続出しました。

電車というのは、たしかに一般民間企業が経営し、運営するものでありますが、こうした現実に直面したときに「採算性や市場原理だけで電車が廃止されて本当にいいのか」という疑問を如実に感じたのであります。

採算が悪くなれば維持が難しいことはわかります。しかし交通弱者、移動の手段を持たない方々にとって、鉄道は一つの福祉政策であり、社会政策でもあるといった面に目を向けなければいけないと思います。

さらには自動車が増えることによって二酸化炭素が増えてゆきます。地球温暖化の問題にも取り組む必要が出てきました。そういった意味で、クルマ以外の交通機関の重要性というものを環境面でも考え直さなければなりません。そのウェイトがどんどん高まってきています。

そのような中で、鉄道の維持に自治体が関与していくことが必要ではないか、という考え方が起こってきました。実際の電車は、さいわい第三セクターの「えちぜん鉄道」として再生し、二〇〇三年一〇月に全線開通を迎えて順調に運行しております。

再開の枠組みとして、当初の一〇年間は県が安全確保に対応できるように根幹的な設備投資を担当します。その一方で運営面の赤字補助については沿線市町村が主体となって行います。県と市町村が、一種の「上下分離」の役割分担をするという、新しい枠組みができました。

第三セクターというと、世間的に厳しく見られる傾向があるのですが、我々は積極思考で取り組み、まちづくりと電車の一体化といったメリットを活かし、現状維持だけでなく乗客増加もめざしています。

地域住民、国民、そして国が、このように電車を社会資本として捉え、地域住民と沿線自治体はもちろん、県、国のすべての行政機関が一体となって、これに取り組む姿勢をもっともっと強く前面に打ち出していかなければならないという思いを、強く感じます。

電車が一挙に止まって、その困難に直面した経験を持つ勝山市から、このメッセージを発信することは、意義のあることと考えます。また全国で同じように、このような事態が起きる可能性もあり、また実際に直面している方々、また努力していらっしゃる方々とともに、話し合いを通じて連携を深め、そしてさらには地域に発信し、地方鉄道の存続の必要性を訴えてゆきたいと考えたしだいであります。

（二〇〇二年一二月「鉄道存続のまちサミットＩＮかつやま」、『運輸と経済』二〇〇三年四月号対談・山岸市長発言より編集）

参考文献

国土交通省『地域公共交通活性化・再生総合事業』二〇〇八年

国土交通省『地域公共交通の活性化及び再生に関する法律の一部を改正する法律』二〇〇八年

瓦林康人 国土交通省鉄道局財務課長『地方鉄道・軌道が直面する課題と国の活性化支援策について』（第九回全国路面電車サミット二〇〇八福井大会　資料）

交通政策審議会『陸上交通分科会 鉄道部会資料集』

運輸省『平成一二年度　運輸白書』二〇〇〇年

地方鉄道問題に関する検討会『地方鉄道復活のためのシナリオ—鉄道事業者の自助努力と国・地方の適切な関与—』

財団法人運輸調査局『運輸と経済』二〇〇四年四月号

財団法人運輸政策研究機構（監修　国土交通省鉄道局）『数字でみる鉄道二〇〇三』二〇〇三年

日本開発銀行地域開発企画部『地域レポートVOL一四 地方都市における交通のあり方～高齢者と環境にやさしい公共交通の整備に向けて～』一九九八年

財団法人運輸政策研究機構（監修 運輸省鉄道局）『鉄道プロジェクトの費用対効果分析マニュアル九九』一九九九年

ぎょうせい『平成一二年版　環境白書　総説』二〇〇〇年

国土交通省鉄道局ホームページ http://www.mlit.go.jp/tetsudou/index.html

国土交通省中部運輸局ホームページ http://www.mlit.go.jp/chubu/

（財）運輸政策研究機構ホームページ、http://www.jterc.or.jp 二〇〇三年

富山市『富山市のコンパクトシティ戦略～公共交通を軸とした集約型都市構造～』（第九回全国路面電車サミット二〇〇八福井大会　資料）

富山港線路面電車化検討委員会『富山港線路面電車化に関する中間とりまとめ』二〇〇三年

富山港線路面電車化検討委員会『富山港線路面電車化に関する検討報告書』二〇〇四年

富山県ホームページ　富山市都市整備部新幹線・富山駅周辺整備課　http://www.pref.toyama.jp/

富山ライトレールホームページ　http://www.t-lr.co.jp/

全国道路利用者会議（監修国土交通省道路局）『道路行政　平成一五年度』二〇〇三年

地方公務員昇任試験対策研究会『昇任試験対策シリーズ四　地方税財政制度』学陽書房、一九九六年

赤井伸郎・佐藤主光・山下耕治『理論・実証に基づく改革　地方交付税の経済学』有斐閣、二〇〇三年

安部誠治『地域振興と鉄道　補足資料』（鉄道存続のまちサミットinかつやま　地方鉄道会議資料）勝山市・公共交通機関を守る会・勝山市電車利用促進会議、二〇〇二年

天野光三・前田泰敬・三輪利英『図説鉄道工学』一九九二年

五十嵐敬喜・小川明雄『図解　公共事業のウラもオモテもわかる　いっきにわかる日本の「病巣」のすべて』東洋経済新報社、二〇〇二年

五十嵐敬喜・小川明雄『都市計画――利権の構図を超えて』岩波新書、一九九三年

石井晴夫『交通ネットワークの公共政策』中央経済社、一九九三年

今城光英『鉄道改革の国際比較』日本経済評論社、二〇〇二年

上岡直見『自動車にいくらかかっているか』コモンズ、二〇〇二年

上岡直見『持続可能な交通へ――シナリオ・政策・運動』緑風出版、二〇〇三年

上岡直見『市民のための道路学』緑風出版、二〇〇四年

上岡直見『新・鉄道は地球を救う』交通新聞社、二〇〇七年

上岡直見『脱・道路の時代』コモンズ、二〇〇七年

川上洋司「地域と鉄道」『みんてつ』一一号、財団法人日本民営鉄道協会、二〇〇四年

柴田徳衛・中西啓之『クルマと道路の経済学』大月書店、一九九九年

島津昭『図説地方財政　平成10年度版』東洋経済新報社、一九九八年

土居丈郎『入門公共経済学』日本評論社、二〇〇二年

Hartmut H.Topp（University Kaiserslautern, Germany）『都市路

面電車と地域ライトレールシステムの復活』第五回路面電車サミット二〇〇一in熊本　資料、二〇〇一年
藤井彌太郎［監修］・中条潮・太田和博［編］『自由化時代の交通政策―現代交通政策―』東京大学出版会二〇〇一年
宮木康夫『第三セクター経営の理論と実務』ぎょうせい、一九九五年
矢野浩一郎『地方税財政制度　第六次改訂版　地方公務員新研修選書―一三』学陽書房、二〇〇〇年
山内弘隆・竹内健蔵『交通経済学』有斐閣アルマ、二〇〇二年
山田良治『増補　開発利益の経済学――土地資本論と社会資本論の統合』日本経済評論社、一九九六年
今尾恵介『路面電車――未来型都市交通への提言』ちくま書房、二〇〇一年
今尾恵介『地図で歩く路面電車の街』けやき出版、一九九八年
宇都宮浄人『路面電車ルネッサンス』新潮新書、二〇〇三年
清水省吾「地域の協働と新しい時代の地域鉄道――えちぜん鉄道をめぐる取り組みから――」『月刊地方自治職員研修』二二月号、二〇〇八年
原田貢彰「JR西日本富山港線LRT化の歴史的経過とこれからの展望」二〇〇四年
増田外来士「京福電鉄越前線の廃止にともなうマイナス波及効果」『技術士』技術士会、二〇〇〇年
松原光也『万葉線活性化の軌跡～五年連続利用者増の経緯～』（第六回中部地区路面電車サミットin高岡　資料）二〇〇七年
本田豊ホームページ、http://homepage1.nifty.com/wanpaku/index2.htm
富山県交通政策研究グループ『「富山型」公共交通優先社会への提案』二〇〇二年
北陸連携並行在来線等活用市民会議『中間報告』二〇〇八年
RACDA　路面電車と都市の未来を考える会『路面電車とまちづくり』学芸出版社、一九九九年
RACDA高岡（路面電車と都市の未来を考える会・高岡）『万葉線とRACDA高岡五年間の軌跡』二〇〇四年
RACDA高岡公式ホームページ、http://www.vl.takaoka-nc.ac.jp/racda/

朝日新聞「地方線寂しき廃線ラッシュ」二〇〇一年六月二六日
岐阜新聞「代替バスも運営厳しく　利用者が大幅減　名鉄線廃止の県内四路線」二〇〇三年三月二〇日
信濃毎日新聞「長電木島線代替バス　中野・飯山市が欠損額一部補助」二〇〇三年二月一一日
日刊県民福井「乗り合いバスの七九％が赤字　昨年度収支　輸送人員も二・九％減」二〇〇一年八月二日
福井新聞「代行バス通学　遅刻続出　京福衝突事故余波続く　渋滞で遅れ　満員乗れず　期末試験の影響危ぐ」二〇〇一年六月二八日
福井新聞「代行バス『路線』で継続　京福電鉄」二〇〇二年一〇月六日
中国新聞「三段峡観光復活へ住民の会」二〇〇八年四月二三日

あとがき

『どうする？　鉄道の未来』初版が出版されてから、すでに四年あまりが過ぎました。その間にも鉄道の存廃問題が相次ぎ、いくつかの鉄道が廃止されました。一方、地域の住民や自治体が鉄道を「地域が一体となって支えていく」という結論を出したところもありました。ここで確認しておく必要があるのは、鉄道が残ったところも、残らなかったところも、住民や自治体が自分たちの地域をよりよい地域とするために努力したということは重い事実だということです。そして、そこで汗をかき、知恵をだして築き上げたものが、同じ問題に直面した他の地域に受け継がれ、活かされています。

これらの、地域全体が「あるべき地域」「あるべき社会」を求めて協働し、そのような地域どうしが連携し、努力するという社会の姿は、良識に裏づけられた新しい時代をつくり出していくうえで、たいへん貴重なことなのではないでしょうか。

「それぞれの地域における鉄道の維持・再生」は、これから社会におけるますます重要なテーマになっていくと考えられます。私たちは、今、子や孫の世代にどのような社会を引き継ぐのかが問われているといえるでしょう。

十分に努力を重ねたけれど、鉄道が残せなかった地域でも、できれば、すぐに道路や建物にしてしまうのではなく、線路のまま、あるいは敷地の形状だけでも、残しておくことを検討してください。「あの鉄道が今でも残っていたらよかったのに」という話は多くの地域で聞かれます。鉄道廃止の影響が予想以上に大きかった場合、あるいは、都市化が進み、交通体系が変わり、新しいシステム、生活スタイル、制度などができることで、そのようなことが語られるようになるのです。もしかしたら、次の時代には、鉄道を取り巻く環境に何か画期的な変化が起きているかもしれません。新しいアイデアもいろいろと生まれるかもしれません。前提が変われば、状況も変わっていくものです。

改訂版では、最新データを反映してほぼ全面的に書き改め、増補しました。執筆にあたって、各地の活動に携わっている皆さんには、取材に快く応じてくださるとともに、助言をいただきました。そして本書は、「社会的に需要があるが、情報更新が必要なので改訂版を出しませんか」と緑風出版の高須社長に声をかけていただき、実現したものです。この場をお借りしまして、心より感謝申し上げます。

二〇〇九年三月

鉄道まちづくり会議「どうする?鉄道の未来」執筆・編集チーム

〈著者略歴〉

鉄道まちづくり会議（てつどうまちづくりかいぎ）

地方鉄道が抱える共通の課題解決へ向け、全国の沿線自治体、事業者、支援市民団体などが集う初の全国組織。2003年11月に設立。活力ある地域社会の交通体系を構築することを目的に、地方鉄道の維持活用に資する事項全般についての討論や、研究、交流などの対外的活動を行っている。「第1回鉄道まちづくり会議」を2004年11月に島根県平田市（現・出雲市）で、「第2回全国鉄道まちづくり会議」を2005年11月に長野県上田市において、「第3回全国鉄道まちづくり会議」を2006年11月に兵庫県加西市において開催。そのほかにも鉄道の維持・再生に関する会議の開催支援などを行っている。

〈執筆編集スタッフ〉

清水省吾　小坂京子　上岡直見

〈協力〉五十音順

安部誠治　関西大学商学部教授
礒野省吾　岡山電気軌道株式会社代表取締役専務／和歌山電鐵株式会社専務取締役
伊藤　雅　和歌山工業高等専門学校准教授
岡　将男　RACDA（路面電車と都市の未来を考える会）会長、全国路面電車ネットワーク運営委員長
香川正俊　熊本学園大学商学部教授
川上洋司　福井大学大学院教授
坂川　優　前福井市長／元福井県議会議員
島　　洋　えちぜん鉄道株式会社 取締役計画部長
清水孝彰　鉄道サポーターズネットワーク代表・理事長
武山良三　富山大学芸術文化学部教授
武田　泉　北海道教育大学教育学部准教授
中川　大　京都大学大学院教授
原田貢彰　鉄道サポーターズネットワーク理事・事務局長
溝上章志　熊本大学大学院教授
山岸正裕　福井県勝山市長／鉄道まちづくり会議会長

ASITA（北勢線とまち育みを考える会）
RACDA（路面電車と都市の未来を考える会）
太田川流域鉄道再生協会
全国路面電車ネットワーク
鉄道サポーターズネットワーク（特定非営利活動法人 全国鉄道利用者会議）
特定非営利活動法人 ふくい路面電車とまちづくりの会（ROBA）
路面電車と都市の未来を考える会・高岡（RACDA高岡）

プロブレムQ＆A

どうする？鉄道《てつどう》の未来《みらい》［増補改訂版］

［地域を活性化するために］

2009年　4月10日　増補改訂版第1刷発行　　定価1900円＋税

著　者　鉄道まちづくり会議 ©
発行者　高須次郎
発行所　緑風出版
〒113-0033　東京都文京区本郷2-17-5　ツイン壱岐坂
〔電話〕03-3812-9420　〔FAX〕03-3812-7262　〔郵便振替〕00100-9-30776
［E-mail］info@ryokufu.com
［URL］http://www.ryokufu.com/

装　幀　堀内朝彦
組　版　R 企 画　　印　刷　シナノ・巣鴨美術印刷
製　本　シナノ　　用　紙　大宝紙業

E1500

Printed in Japan　4-8461-0903-5　C0336